JN438151

내 앎의 길

over a wall
prose
5

박수진 산문집

담장너머

■머리글■

조르바 씨에게

그리스인 조르바 씨, 일찍이 당신의 이름을 전해 듣고 언젠가 꼭 한번 만나기를 바랐지만 목매기 생활을 핑계 삼는 나의 게으름이 이제야 당신을 찾게 했습니다. 오월의 마지막 날인 오늘은 마침 내 직장만 쉬는 날이어서 나른한 오후를 건너 당신을 만나러 책방으로 갔습니다.

당신은 석수장이에 광부에 행상에 옹기장이, 비정규 부대요원, 도붓장수, 대장장이, 밀수꾼, 산투르 연주가에 이르기까지 참으로 다양한 삶을 살아오셨더군요. 보통사람으로서는 상상도 할 수 없는 수없는 길을 주저없이 걷다가 항구도시인 피레에프스 항구에 흘러와 서 있었습니다. 산투르라는 악기 하나를 달랑 보퉁이에 싸들고 말입니다. 거기서 당신은 젊고 철학적인 당신의 '주인'을 만났지요. 광부의 이력과 수프 끓이는 솜씨를 자랑하며 자신을 고용해 달라고 말할 때 당신 역시 완전한 자유인은 아니라는 사실에 동질감을 느끼며 적잖이 위안을 받았습니다. 사람은 누구나 남에게 자신의 거처를 부탁하고 맡겨야 할 때가 있는 법이니까요. 그 후 당신은 영혼의 벗이 된 주인과 함께 크레타 섬으로 가서 눈물나게 멋진 한 시절을 보내더군요. 그때 당신의 나이는 65세였습니다.

조르바 씨, 당신은 무슨 수로 그토록 어지럽고 가파른 세파 앞에서도 때묻지 않은 영혼을 간직할 수 있었습니까? 이성의 방해를 받지 않은 채 살면서 대지에 몸이 닿으면 절로 충전이 되어 힘이 솟으며, 건강한 시력과 청력을 가진 당신이 너무도 부럽습니다. 그런 당신이 본다면 여기에 모아 놓은 나의 글들은 너무나 유약하고 어설픈 먹물로 얼룩진 흠집투성이 상념의 파편들일지 모릅니다. 그러나 어찌하겠습니까? 이것이 내가 살아온 숨길 수 없는 발자취이기에 당신의 이름을 빌어 부끄러운 고백을 하며, 당신이 훌륭한 주인을 만나 영혼의 교류를 하는 동안 더욱 깊고 성숙해진 만년의 시절보다 그래도 아직은 내 나이가 몇 살이라도 더 어리다는 사실 하나에 희망을 걸고 내 앞에 놓인 길을 당당히 걸어가려 합니다.

존경하는 조르바 씨,

나는 한 가지 직업에 서른두 해, 한 직장에서만 가르치는 일로 서른 해를 넘게 보냈습니다. 그러나 이제 교육은 갈 데 없이 무너지고 상식과 배려조차 헌신짝처럼 버려진 현실 속에서 남을 가르치기는커녕 내 영혼 하나 온전히 다스리기에도 급급한 처지가 되고 말았습니다. 그런 까닭에 더는 남이 나의 길을 방해하거나 결정하는 일이 없도록 하기 위해, 아니 더 솔직히 말하면 마지막 한 번이라도 내 길을 스스로 선택하는 용기를 얻기 위해 허적허적 당신을 만나러 갔던 것입니다.

조르바 씨, 조각을 다듬는데 방해가 된다고 손가락을 싹둑 잘라버린 단순한 결단력과 집중력을 가진 당신을 내 인생의 멘토로 삼고 싶습니다. 아무도 믿지 않고 아무 것도 바라지 않으며, 아무 것도 두렵지 않은, 그래서 자유로운 당신의 삶을 마음에 새깁니다. '후회나 두려움 따위는 개나 물어가라' 고 외치면서 맞이하는 날마다 눈앞에 대하는 모든 것을 생전 처음 보는 것처럼 신기롭게 여기는 당신의 눈을 닮아가려 합니다. 그리하여 세상에 머물렀던 흔적으로 기억할만한 한 마디 말이라도 남기고 끝내 죽음마저 장엄했던 당신을 뒤따를 수 있기를 감히 바랍니다.

당신이 전해준 자유의 꽃다발을 가슴에 안고 이제부터는 오로지 내가 나를 의지하고 믿으며 애환의 거리로 나섭니다.

2012년 가을 앞에서

박수진 올림

차례

1부
나의 별에 이르는 길

2부

문학의 길

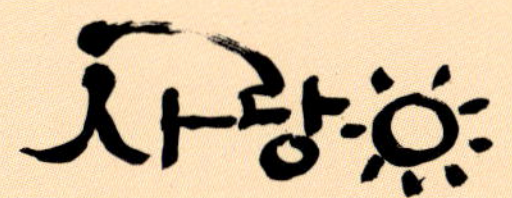

3부

사도의 길

4부

사랑의 길

1부

나의 별에 이르는 길

가벼워야 하리 가난한 내 영혼

저 하늘 빛나는 나의 별에 이르기 위해

비우고 덜어내 아, 가벼워야 하리

흐린 눈으론 가지 못하리

미움과 욕망의 마음으론 더욱 못 가리

날마다 뜨거운 눈물로 씻어 맑아져야 하리

저 하늘 맑은 별로 나 돌아가기 위해

비우고 덜어내 아, 가벼워야 하리

— 나의 별에 이르는 길 —

나의 별에 이르는 길

"나의 별에 이르는 길, 그 길이 하도 멀어

오늘도 한숨짓는 하루이다."

유난히도 무더웠던 지난 여름, 살아오면서 꼭 한 번은 경험해 보고 싶었던 명상 연수를 다녀왔다. 수행과도 통하는 명상이 생각보다 얼마나 힘들고 어려웠는지 모른다. 무엇보다 명상의 기본이 되는 묵언과 좌선은 수다스럽고 편안한 자세만 추구하던 일상과는 정반대 편에 있는 세상이어서 정신적 혼란까지 겪어야 했다. 더구나 퇴행성 목디스크와 오십견을 앓는 몸으로 한 주일을 신음 없이 버티기란 그야말로 고행에 가까운 일이었다.

그러나 앞만 보고 달려오며 겪던 온갖 소란에서 벗어나 온전히 '나'를 찾는 일에 몰두했던 순간들은 참으로 귀하고 가치있는 시간이었다. 수련장 올라가는 계단에 〈'사띠'를 가졌는가?〉라고 써 붙여놓은 작은 팻말은 연수 기간 내내 마음을 사로잡는 화두였는데, '사띠'는 마음 뒤의 마음 또는 어느 한 순간도 진득하게 머물지 못하는 시간의 나그네인 마음을 붙잡아 두는 고삐를 말한다. '뒤의 마음이 앞의 마음을 보고 있다'는 말과 '지금 이 순간'이나 '마음챙김'이라는 말들이 참으로 신선하게 다가왔다. 지금도 그 말들을 떠올리면 어느 결에 마음이 편안해지는 것을 느낀다.

그렇다. 정말이지 우리는 얼마나 헛되고 헛된 일에 정신이 팔려 나를 잊고 살아왔는가. 그래서 일찍이 프랑스의 시인 보들레르는 사람들이 생활의 거의 전부를 부질없는 호기심을 채우는 데 허비한다고 말했는가 보다. 그의 말대로 우리의 관심은 돈이나 명예, 더 사소하게는 일상의 뉴스나 신문의 가십거리 혹은 일회성 텔레비전 프로나 남의 옷차림 같은 것에 날마다 정신을 빼앗기고 살지는 않았는지 돌아볼 일이다.

그렇다면 참으로 궁금하고 의문을 품으며 살아야 할 일은 무엇일까? 역시 보들레르가 말한 '진정한 의문'을 깊이 되새겨 볼 필요가 있다고 본다.

"무엇 때문에 우리는 이곳에 사는가?"
"우리는 어디로부터 왔는가, 그리고 어디로 가는가?"
"인간이 세상에 살 수 있는 날은 얼마나 되는가?"
……

이토록 중대한 문제들을 외면한 채 자주 주머니 속 돈을 세고, 주고받는 한마디 말에 마음이 요동치거나 상처를 받으며 살아가는 모습이 우리네 자화상이 아닌지 스스로에게 물어본다.

오늘도 밤하늘에 반짝이는 별을 가만히 바라본다.

별이 너무 멀어 한숨이 나온다.

태양계에서 가장 가까운 별은 '프록시마 산타우리' 인데 지구에서 그곳까지는 현재 인간이 개발한 로켓의 속도로 5만년 이상이나 걸린다고 한다. 또 빛의 속도로 날아가는 데도 4년이 걸린다고 하니 내 가난한 영혼이 어찌 먼 별까지 닿기를 차마 바라겠는가.

그래도 나는 나의 별에 이르는 길을 포기하고 싶지는 않다. 그런 몸짓으로 여러 해 전 〈나의 별에 이르는 길〉 이란 제목으로 시집을 냈고 같은 이름으로 가곡 음반도 세상에 내놓았지만 나의 별에 이르는 길, 그 길이 하도 멀어 오늘도 한숨짓는 하루이다.

미안해, 사랑해

죽음 앞에서 경험한 미안해, 사랑해의 의미를

날마다 마음속에 되새겨 보곤 한다.

기억조차 아리지만 9.11 테러가 있던 날 비행기 안에 인질로 갇혀 수 분 안에 죽음을 예감한 사람들은 세상에서 가장 소중한 한 사람에게 마지막 말을 남기기 위해 너나 없이 휴대폰을 꺼내 들었다고 한다. 그 한 사람은 아내이거나 남편이거나 혹은 어머니였다. 그런데 놀라운 사실은 그들이 남긴 마지막 말이 약속이나 한 듯 한결같았다는 것인데, 그 말은 바로 '미안해' 아니면

'사랑해' 였다.

대구에서 지하철 참사가 일어났을 때도 마찬가지였다. 목이 메는 사연들은 달랐지만 가엾은 영혼들이 마지막 세상에 남긴 말 역시 '미안해' 아니면 '사랑해' 였다. 이렇게 나라와 언어는 다르지만 마지막 순간에 숱한 말 중에 왜 그 말을 하게 되는지 잘 이해가 되지 않았다. 그런데 나 스스로가 그런 절체절명의 순간을 겪어본 뒤에는 그 까닭을 분명히 알게 되었다.

그 일은 여러 해 전, 어느 방송국이 주관해 여름 동요캠프가 열린 울릉도에서 일어났다. 나는 30년지기 친한 벗과 함께 어린이 동요캠프에 참가하기 위해 서울에서 차를 몰아 후포항에 도착했다. 그리고 달빛이 유난히 고운 후포에서 밤바다를 희롱하며 하룻밤을 지낸 후 울릉도로 들어갔다.

2박 3일 일정은 공연과 관광으로 바쁘게 지나갔다. 그런데 하필이면 그때 태풍이 몰려와 동해 막내 섬 독도행은 포기할 수밖에 없었으며 귀로 또한 하루가 미루어졌다. 그날 밤 울릉도의 아담한 마을회관 무대에서는 동요공연이 열렸다. 그런데 공연이 한창일 무렵 나는 어지럼증이 점점 심해져 도중에 혼자 빠져나와 숙소로 돌아왔다.

화장실 수도꼭지 하나에 매달린 찬물 샤워기로 몸을 씻고 자리에 누웠지만 어지럼증은 가시지 않고 잠도 오지를 않았다. 뿐만 아니라 알 수 없는 불안감에 휩싸여 심신을 가눌 수가 없었다.

밤이 깊어 일행들이 들어와 잠에 빠져들었지만 나는 혼자서 불길한 예감에 떨어야 했다. 그래도 행여 옆 사람이 깰세라 조심하며 머리 두는 방향을 여러 차례 옮겨보고 일어나 세수를 해 보아도 맑은 정신을 가질 수 없었다. 그렇게 밤을 꼬박 새우다시피 하고 새벽을 맞았다. 다행히 태풍은 지나간 뒤였지만 그 여파로 인해 새벽 배가 뜰지 여부도 모를 일이어서 더욱 마음이 급했다.

그러나 정작 위급한 사태는 자리에서 일어나면서 벌어지고 말았다. 저리던 왼쪽 손끝이 떨리면서 마비 현상이 일어난 것이었다. 손가락 끝부터 검은 색으로 변하더니 손목 아래 전체가 마른 낙엽처럼 축 처지는 것이 아닌가. 나는 비상용으로 가지고 간 침을 꺼내 손가락 끝을 사정없이 찔러댔다. 오른 손으로 주무르고 찌르기를 수십 번. 그래도 상태는 나아지지 않았다. 곁에는 잠이 덜 깬 친구가 자고 있었지만 어떻게든 나는 이 고비를 혼자 벗어나야겠다고 생각했다. 가방에서 런닝셔츠 한 장을 꺼내 흐르는 피를 닦으며 무진 애를 썼지만 몸은 내 생각의 반대로만 움직여가고 있었다.

피부색이 검은 색으로 변하며 진행되는 마비는 이제 팔뚝 절반을 오르내리고 있었다. 팔뚝에까지 침을 찔러댔지만 허사였다. 게다가 침을 든 오른손마저 힘이 빠져나갔다. 마지막 희망이던 침마저 놓아버린 나는 더 이상 참지 못하고 친구를 깨워 앉혔다. 잠에서 덜 깬 친구였지만 금방 사태를 눈치채고는 그 또한 어쩔 줄을 몰라하며 무작정 내 팔을 주물러댔다. 그러나 이미 마비가 팔꿈치 위를 향하고 있었고 순간 나는 내게 주어진 시간이 길지 않음을 직감했다.

나는 지금도 그 순간에 내가 한 말을 또렷이 기억한다. 그 말이야말로 지금까지 내가 해온 말 중에서, 그리고 지금껏 내가 써온 시 중에서 가장 진솔하고 엄숙한 말이었을 것이다. 마지막을 맞으며 먼저 꼭 확인하고 싶은 것이 하나 있었다. 그것도 나를 가까이서 지켜보며 살아와 내 전체를 속속들이 잘 아는 친구에게 나의 전 생애에 대해 묻고 싶은 말이 있었다. 그래서 나는 똑바로 그를 바라보며 비감한 어조로 물었다.

"나 괜찮게 살았나? 나 부끄럽지 않게 살았을까?"

경황 중에도 차마 '나 잘 살았나?' 라고는 물을 수가 없었다. 그런데 친구는 고맙게도 '너는 열심히 참 잘 살았다' 는 대답을 해 주었다. 안타까움과 진실성이 담긴 친구의 그 말에 나는 얼마나 큰 위안을 받았는지 모른다. 나는 그 질문을 몇 번이고 되풀이했던 것으로 기억한다. 그러고도 약간의 시간이 더 남았다고 생각되었을 때 두 사람의 얼굴이 머릿속에 떠올랐다. 서른여섯에 홀로 되어 자식만을 바라보며 살아오신 팔순 노모와 세 아이의 엄마인 아내였다. 짧은 순간이었지만 파도처럼 밀려오는 죄스러움과 미안함에 주체할 수 없이 몸을 떨어야 했다. 나는 서둘러 아내에게 마지막 말을 남겼다. 꼭 전해 줄 것을 당부하며.

"미안하다(먼저 가서), 그리고 사랑한다. 그동안 너무

고마웠고 내 죽어서도 결코 잊지 않겠노라."

남의 말을 들을 때는 참으로 평범한 말 같았지만 내 마음은 절실했고 다른 말이 더 필요할 것 같지도 않았다. 그 말을 할 때 나는 목이 메였고, 죽음 뒤의 세계를 알 수 없음에 마지막 약속의 공허함이 느껴져 또 한 번 온몸을 떨어야 했다. 한두 번 가방 속에 있는 휴대폰을 생각했지만 새벽잠을 깨워 슬픈 얘기를 직접 전하고 싶지는 않았다.

그때 마침 배가 뜬다는 전갈에 마비된 두 팔을 모은 채 일행을 따라 서둘러 선창으로 향했다. 후포항까지 오는 동안 나는 따로 마련한 선장실 자리에 누워 내 인생에서 가장 길고 긴 시간을 보내야 했다. 후포에서는 미리 대기시킨 119응급차로 포항으로 갔고 그곳 대학병원에서 MRI 촬영과 응급조치를 한 후 구급차에 실려 서울로 후송되었다. 응급실 앞에는 뒤늦게 연락을 받은 아내와 두 딸이 눈에 눈물을 가득 담은 채 살아 돌아오는 나를 애타게 기다리고 있었다.

후에 안 일이지만 심장마비 일보 직전까지 몰고 간

병명은 알도스테론증. 부신 피질의 이상으로 하여 칼륨이 빠져나가는 증세로 고혈압을 동반하는 병이다. 완치가 어려워 지금도 약에 기대어 살지만 나는 죽음 앞에서 경험한 '미안해, 사랑해'의 의미를 날마다 마음속에 되새겨 보곤 한다.

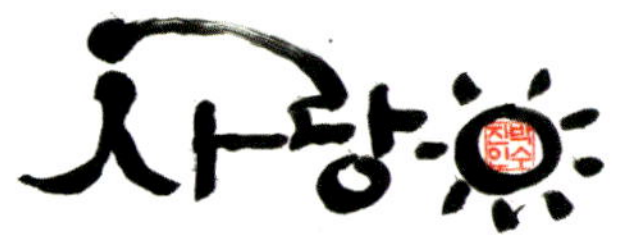

바도비체

진실로 사랑하는 사람이 곁에 있다면 바도비체와 같은 이름 하나를 서로의 가슴 속에 깊이 새겨 둘 일이다.

바도비체는 폴란드에 있는 어느 도시의 이름이다. 별로 들어보지도 않은 이국의 낯선 지명이 자꾸 입가에 맴돌며 가슴에 아릿하게 새겨지는 것은 몇 해 전 선종한 요한바오로 2세 교황이 내게 남긴 소중한 선물 때문이다.

존귀한 분의 사상이나 종교적인 깊이야 믿음도 없이 속세에 뒹굴며 사는 내가 어찌 감히 짐작이나 할까마는 같은 인간으로 겪는 생로병사의 고통이나 희비애락의 세정을 다루는 그분의 행적들이 잔잔한 감동으로 다가오는 것이다. 오랜 육신의 병으로 고통을 겪으면서도 마지막 순간에 자신의 죽음을 슬퍼하는 가까운 사람들에게 "나는 행복합니다. 그대들도 행복하세요. 우리 모두 기쁘게 기도합시다."라는 말을 남겨 정신을 번쩍 들게 하려니와 진한 감동을 주는 또 하나의 단어가 바로 바도비체란 이름이다.

첫사랑을 꿈꾼 날 새벽 이상한 인연으로 독일의 발트지에 실렸다는 교황의 첫사랑 이야기를 읽게 되었다. 그 내용은 이러했다.

요한 바오로 2세 교황의 본명은 카롤 보이티야. 우리나라와 같이 침략의 상처투성이인 폴란드의 바도비체에서 태어난 카롤은 문학과 연극을 좋아하는 감수성 풍부한 소년이었다. 그는 13세 때에 한 살 아래인 소녀 할리나와 함께 연극 무대에 서게 된다. 그들의 데뷔 무대에 올려진 작품은 공교롭게도 〈안티고네〉였다. 소포클

레스의 대표적인 고대 비극 작품인 '오이디푸스 왕'의 딸 안티고네. 고약한 운명 탓에 아버지를 죽인 오이디푸스와 자신의 어머니 사이에 태어난 딸 안티고네 역시 이룰 수 없는 사랑에 번뇌하는 비극 유전의 표상이었다. 그 안티고네 역을 할리나가, 그리고 상대역인 하이몬 역을 카롤이 맡은 것도 인간이 눈치 채지 못하는 어떤 암시였는지 모를 일이다. 여하튼 선남선녀였던 두 사람 사이에 연정이 어떠했을지는 훗날 같은 대학, 같은 학과인 크라코프대학 폴란드문학과에 진학한 것만으로도 짐작이 가는 일이다.

그러나 나치의 침략이 있자 카롤은 학교를 중퇴한 뒤 신학의 길로 접어들게 되고, 신부와 추기경을 거쳐 1878년 로마교회 역사상 456년 만에 이탈리아인이 아닌 외국인으로 교황에 오르게 되었다. 개인이나 조국 폴란드 입장에서는 더없는 영광이겠지만 첫사랑의 추억을 이야기하는 일반인의 눈으로 보면 바티칸 입성은 인연의 단절이랄 수 밖에 없다.

이루지 못한 사랑의 기억을 가슴 한켠에 묻은 할리나는 폴란드에서 인기있는 배우가 되었고, 그 아련한 기억을 더듬어 어느 때 바티칸을 찾아갔다. 그리고 교황의 일반 신도 접견 시간에 많은 사람들 속에 둘러싸여 자신을 보아 달라고 두 사람의 사랑이 싹튼 고향의 이름 '바도비체'를 외쳤다는 것이다. 하지만 너무나 멀고 높이 있는 교황은 아무런 반응이 없었다.

바도비체 – 아무리 지체 높은 교황이라지만 꿈에도 못잊을 고향마을의 이름만큼은 어떤 소란 속에서도 알아들을 줄 믿었다. 숱한 날 가슴앓이하며 살아온 자신의 존재를 기억해 손 한 번이라도 흔들어줄 것이라 기대했던 할리나는 실망한 채 숙소로 돌아갔다. 그런데 비감에 젖어있던 그녀에게 놀랍게도 리무진이 도착했다.

교황의 아침 식사에 초대된 그녀에게 교황은 할리나 안티고네라고 부르며 그녀의 얼굴을 쓰다듬어 주었다는 것이 이야기의 전부이다. 글의 삽화에는 십자가 목걸이를 건 교황과 눈물을 흘리는 할리나의 모습이 그려져 있어 더욱 짠한 감동이 일었다.

고승이나 성인일지라도 첫사랑의 아픔에서는 자유로

울 수 없다지만, 말 한마디 해 보지 못한 첫사랑이 왜 가끔 내 꿈에 나타나는지 모를 일이다. 부를 이름도 기억시킬 실마리 하나도 없는데 말이다. 수십 년도 더 지난 옛 이야기지만 꿈을 꾼 날 새벽에는 까닭없이 가슴이 시리다. 곁에는 아무것도 모르는 아내가 자고 있어 죄책감마저 들 때가 있다.

그러나 오늘은 교황의 첫사랑 이야기를 전한 사람의 말 – 첫사랑의 맑은 정신을 맛보지 못했거나 첫사랑의 기억을 너무 쉽게 잊는 사람은 혼탁한 세상에 물들기도 쉽다 – 에 힘을 얻어 메모장을 연다.

첫사랑 꿈꾼 날엔
가슴이 시리다
가슴으로 와서
가슴으로 부르다
가슴에 묻힌 그 사람
손을 뻗어도 닿지 않아
나를 몸달게 한다
울게 한다
첫사랑을 꿈꾸었지만
지금도 한 마디 말 하지 못한다
가물한 이름과 얼굴

도로 가슴에 묻는다.

바도비체는 첫사랑의 이름이다. 바도비체는 그리움의 이름이다.

내 마음 속에도 나만이 아는 바도비체가 있기는 하다. 그러나 교황과 할리나처럼 군중 속에 섞였을 때, 아니면 저승길 혼란한 소용돌이 속에서 먼 눈으로 만났을 때 서로를 기억나게 부를 이름이 생각나지 않는다. 아니 마련해 두지 못했다.

지금, 진실로 사랑하는 사람이 곁에 있다면 '바도비체' 와 같은 이름 하나를 서로의 가슴 속에 깊이 새겨 둘 일이다.

바도비체

발자국

흐르는 눈물을 닦고 얼굴을 들자 밝은 햇살을 타고
병실 가득 감사의 언어들이 일렁이고 있었다.

사람이 일생동안 살면서 자신의 몸에 한 번도 메스를 대지 않고 살다가 죽는 것은 크나 큰 축복이라 할 수 있다. 그러나 인명이 재천이듯 그 또한 사람의 의지대로 이룰 수 있는 일은 아니다. 의술이 발달한 현대에 와서는 말기 암이나 성공률이 낮은 일부의 수술을 제외한 외과적인 수술 정도는 비교적 가볍게 보는 경향도 있지만, 어떤 경우에나 수술대에 오르는 사람이 받는

스트레스는 말로 표현할 수가 없다.

워낙 약골로 태어난 탓에 나는 운명처럼 이런저런 병을 안고 살아왔다. 그러던 몇 해 전 느닷없는 내장의 발병으로 꼼짝없이 수술을 받아야 할 처지가 되고 말았다. 수술날짜를 받아놓고 지낸 며칠은 하루하루가 그야말로 지옥이 따로 없는 고통의 연속이었다. 어떤 일도 손에 잡히지 않을뿐더러 꿈자리마저 어지러워 불안을 견디기가 무척이나 힘들었다.

무엇보다 힘든 일은 이 세상 그 누구도 내가 겪어야 할 아픔을 대신하거나 함께 할 수 없다는 절망감과 외로움이었다. 그것들이 거대한 파도처럼 밀려올 때는 정신까지 혼미해져 오는 것 같았다. 그러나 오십을 바라보는 가장으로서 가족들에게 약한 모습을 보여서도 안 되겠거니와 병실에 갇혀 지낼 얼마동안의 공백을 미리 메꾸어 두기 위해 나는 매 순간 바쁘게 몸을 움직였다.

수술 하루 전날에는 입원 수속을 밟고 대기상태에 들어가는데, 그야말로 긴장이 최고조에 달했다. 이 고통의 시간이 어서 빨리 지나가기만을 간절히 바라며 눈은 수시로 시계를 바라보았다. 이렇게 길고도 지루한 시간을 이기는 방법은 그래도 독서밖에 없다는 사실을 미리 깨우친 것은 그나마 다행이었다. 수술 후 입원기간까지를 계산해 준비해 간 여러 권의 책 중에서 한 권을 꺼내 그날 밤으로 다 읽었다.

다음날 아침이 되자 담당 간호사가 병실까지 끌고 온 이동 침대에 나를 눕혀 수술실로 데려갔다. 쓸데없는 상상의 시간을 주지 않기 위해서인가 어찌나 빠른 속도로 내모는지 복도 천장이 휙휙 지나가 어지럼을 느낄 정도였다. 커다란 수술실 철문이 열리고 마취제가 투여되어 의식을 놓을 때까지 나는 철저히 혼자라는 생각에 여러 차례 몸을 떨어야 했다.

그렇게 수술이 끝난 지 만 하루가 지나고 끊어질듯 한 허리의 통증이 가시자 나는 다시 책을 꺼내 읽기 시작했다. 병실로 돌아와서 평정을 찾은 뒤 처음으로 대한 글이 바로 '발자국' 이란 짧막한 이야기였다.

> 어떤 사람이 꿈을 꾸었습니다. 주님과 함께 바닷가를 거니는 꿈이었습니다. 그때 하늘을 가로질러 그의 삶의 장면들이 펼쳐졌습니다.
> 바닷가 모래 위에는 두 사람의 발자국이 찍혀 있었습니

다. 하나는 그의 것이었고 다른 하나는 주님의 것이었습니다. 그의 발자국은 지금까지 그가 살아온 인생의 발자국이었습니다. 그의 삶의 마지막 장면이 그의 앞에 펼쳐졌을 때, 그는 모래 위에 새겨진 자신의 발자국을 돌아보았습니다.

나란히 찍혀 있던 두 사람의 발자국이 어느 때는 한 사람의 발자국만 찍혀있는 것이었습니다. 그때는 바로 그가 가장 힘들고 슬플 때였습니다. 그래서 그는 주님께 따지듯 물었습니다.

"주님, 제가 주님을 따르기로 했을 때 주님은 항상 저와 같이 계시겠다고 약속해 주셨지요? 그런데 제가 가장 힘들고 외로울 때 왜 저 혼자만 걸어가게 내버려 두셨습니까?"

주님께서 대답했습니다.

"내 사랑하는 자여, 나는 네 곁을 한 번도 떠난 적이 없었단다. 네가 너무 외롭고 힘들어 쓰러졌을 때 내가 너를 안고 걸어갔었단다. 그래서 한 사람의 발자국만 찍혀있는 것이란다."

복음에 나오는 이야기로 〈감동적인 101가지 이야기〉 모음 책에 실려 있어 그 전에도 한두 번 읽은 적이 있었지만 솔직히 큰 감동은 받지 않았던 것으로 기억된다. 그런데 책의 첫 순서에 있는 이 글을 다시 읽는 순간 나는 흐르는 눈물을 주체할 수가 없었다. 온 몸으로 겪은 체험과 자신이 처한 상황에 따라 글의 감동이 이렇게 다르다는 사실을 새삼 깨달았다.

수술을 앞두고는 이 시련이 오로지 나 혼자서 건너야 하는 강이며, 혼자 힘으로 뛰어 넘어야 할 천길 낭떠러지의 절벽 계곡이라는 그 지독했던 고독감이 참으로 짧고 모자란 생각이었음을 비로소 알았다.

그때, 가장 먼저 떠오른 얼굴이 수술을 집도한 의사 선생님과 흐르는 피를 닦으며 의식이 돌아올 때까지 내 심장소리를 확인했을 간호사였다. 그 차갑고 외로운 공간에 결코 나만 혼자 버려져 있던 것이 아니었다는 사실에 가슴이 뜨거워졌다. 그리고 수술실 밖에서 마음 졸인 가족들이 있었고, 손을 모아 기도해 준 많은 사람들이 있었다는 생각이 떠올랐다.

그 고마운 분들의 이름을 마음속으로 하나하나 부르는 동안 주책없는 눈물은 그칠 줄을 몰랐다. 누가 볼세라 눈물을 닦고 얼굴을 들자 밝은 햇살을 타고 병실 가득 감사의 언어들이 일렁이고 있었다.

책을 덮고 나는 그 동안 내가 걸어온 길을 가만히 돌

아보았다. 거기에는 나와 함께 걸어온 수많은 사람들의 발자국이 찍혀 있었다. 그러나 가끔씩 단 한 사람, 나의 발자국이 뚝- 뚝- 끊어져 있는 곳이 여러 군데 보였다.

홀로 산행

"더 많이 웃고, 더 많이 울고, 더 많이 사랑하며
한 번 뿐인 내 앞의 생을 살아가야 겠다."

월요일 아침 혼자서 산을 오른다.

갈 곳 없는 사람처럼, 친구 없는 사람처럼 홀로 나선 길이다.

영하의 겨울산은 적막 그 자체이다. 나무 가지 위를 스치는 바람소리와 가쁜 숨소리만 들으며 걷지만 내면의 나와 나누는 대화에 지루한 줄 모른다.

어쩌다 가파른 비탈에 한 생을 맡긴 겨울나무에 기대

어 잠시 지나 온 길을 돌아본다. 많이 웃고 많이도 울며 살아 온 날들의 기억이 세월 저쪽에서 흑백의 영상으로 한 컷씩 떠오른다.

숱한 기쁨과 슬픔의 순간들이 있었다. 기쁨은 내 육신을 가볍게 해 주었고 슬픔은 내 영혼을 깊게 만들어 주었음을 이제야 안다. 그 소중한 추억의 조각들을 모아 되돌려 보는 동안 헝클어졌던 마음이 가지런해지고 머리가 맑아진다.

살아오며 머리는 차갑고 가슴은 따뜻한 사람이 되기를 바랐다. 그러나 자주 머리가 먼저 뜨거워 목소리를 높인 적이 참 많았다. 남에게는 봄바람처럼 따스하고 나에게는 칼날처럼 엄격하라는 가르침인 외후내엄(外厚內嚴), 그 네 글자를 책상머리에 써 붙이고 살지만 언제나 나를 용서하는 데는 한없이 너그러웠고 남에게는 엄격한 잣대를 들이댄 적이 한두 번이 아니었다.

'사랑이 머리에서 가슴으로 내려오는데 70년이 걸렸다' 는 아픈 고백, 이제는 우리 곁에 없는 김수환 추기경님의 말씀을 떠올려 본다.

그렇다. 배려가 없는 사랑은 사랑이 아니다.

행동이 따르지 않는 사랑은 남을 힘들게 하는 짐일 뿐이다. 함께 울어 줄 가슴으로 나누는 사랑만이 참된 사랑이다. 그런데 차마 부끄러워 입 밖에 내지도 못하는 나의 사랑은 가슴으로 내려오는 울대 어디쯤에 걸려 퍼덕이고 있을까?

산을 내려가며 다짐해 본다.

그 누구도 오래는 미워하지 말아야 한다. 한 사람을 오래 미워하면 자신도 모르게 그를 닮아간다고 했다. 그를 위해서, 아니 나를 위해서, 미워하는 마음은 가슴 속에 오래 담지 말아야 하겠다.

되도록이면 남보다 더 많이 웃고, 더 많이 울고, 더 많이 사랑하며 한 번 뿐인 내 앞의 생을 살아가야 겠다.

어머니

어머니는 밤이 늦어서야 언 손에 움켜진 누룽지 한 덩이를 치마 속에 넣고 자식들이 기다리는 집으로 달려오곤 했다.

겨울바람 앞에 선 한 그루 나무……. 내 어머니는 참으로 길고 긴 겨울을 살아오신 분이다. 어머니에 대한 글을 쓸 때 어느 누군들 눈물로 쓰지 않는 사람이 있을까마는 '나의 어머니는 다른 어머니와 다르다'라는 흔한 말을 나는 아끼고 싶다.

그러나 어머니, 나의 어머니!

슬하에 조롱조롱 매달린 우리 남매를 살리기 위해 어

머니는 그 춥던 겨울 5일장이 서는 날이면 장터 식당집 뒷일을 봐주며 온갖 궂은일을 다하고 밤이 늦어서야 언 손에 움켜쥔 누룽지 한 덩이를 치마 속에 넣고 자식들이 기다리는 집으로 달려오곤 했다.

어머니가 홀로 된 것은 서른여섯 청상(靑裳)이었을 때였지만 아버지와 함께 했던 길지 않은 행복했던 세월은 오늘날까지 어머니를 지켜준 든든한 버팀목이었다. 그리고 저 세상에서 꼭 이루어야 할 못 다한 사랑에 대한 희망이기도 하다.

일제 강점기 말 징용으로 끌려가신 아버지를 향한 정성에 있어서 어머니는 그야말로 열녀라 불릴 만하였다. 오끼나와로 간 아버지는 해방이 되고도 반 년 이 넘은 한겨울이 다 가도록 돌아오지 않았다. 연락조차 닿지 않아 아버지는 이미 죽은 사람이라며 마을 사람들이 다 위로하고 기다리는 일을 포기하라고 권했지만 어머니는 마지막까지 희망을 버리지 않았다.

새벽마다 가장 먼저 우물에 가서 정한수를 떠다 놓고 아버지가 살아 돌아오기를 기원했다. 그릇에 꽁꽁 언

물을 버리고 다시 떠놓기를 얼마나 했는지 그해 겨울 우리집 곁에는 작은 얼음산 하나가 생겼다고 한다. 그 정성이 하늘에 닿았는지 이듬해 봄 아버지는 하와이에 있는 미군 포로수용소를 거쳐 병을 치료받고 기적적으로 살아서 돌아왔지만, 일본에서 얻은 병을 이기지 못하고 십여 년 후 어머니 앞에 7남매를 남겨두고 눈을 감았다.

그때 아버지를 살리기 위한 어머니의 몸부림은 말로 다할 수 없으며, 단 며칠이라도 남편의 생명을 연장시키기 위해 모르핀 주사약을 구하느라 중농(中農)이던 전답마저 죄 팔아버려 남은 것이라곤 나를 낳고 샀다는 밭 다섯 마지기인 천여 평 땅이 남은 재산의 전부였다. 어머니는 오직 그 밭뙈기에 매달려 참으로 길고 잔인한 세월을 견뎌야 했다. 지게로 거름을 내고 농사를 짓는 일, 땔감을 마련하는 일, 비를 피하게 이엉을 엮어 지붕을 덮는 일… 여자의 몸으로 감당해야 할 일이 태산처럼 무겁고 버거웠을 것이다. 그러나 어머니는 아버지를 기다리던 때처럼 한 번도 내일에 대한 희망의 끈을 놓은 적이 없었다.

지금도 큰댁 어머니 방 시렁에는 젊은 아버지 사진 한 장과 조그만 항아리 하나가 놓여있는데, 항아리 안에는 돌아가신 아버지의 양식으로 삼을 최상등품의 햅쌀이 어머니의 손에 의해 해마다 새로 채워지고 있다. 그런 어머니의 마음을 헤아려 우리들 또한 철마다 처음 나는 과일이나 색다른 음식이 있으면 아버지 자리에 먼저 올리는 것이 버릇처럼 몸에 배게 되었다. 5녀 2남 중 여섯 번째인 내가 다섯 살 때 아버지가 영영 떠나버려 기억마저 희미하지만, 아버지는 어머니의 변함없는 신앙이며 수호신이 되어 시렁 위에서 우리를 내려다보고 있는 것이다.

어머니는 또 내게 가장 위대한 스승이다.

일본말을 조금 할 줄 아는 것과 나의 한글을 겨우 깨쳤을 뿐이지만 아직도 내게 '공부하라' 고 재촉하는 한 분 뿐인 스승인 것이다. 내가 책을 들여다보고 무엇인가를 쓰는 모습을 보여야 비로소 편안하고 행복한 표정을 짓는다. 그러니 내가 어찌 그 앞에서 빈둥대며 게으름을 필 수 있겠는가.

몸에 밴 근검과 절약은 물론 자신을 감추고 인내하는 본보기가 되어주며 초등학교 시절에는 국어사전이나 전과 구실까지 해 주었다. 하나라도 입을 덜기 위해 시골에서 학교를 졸업하기 무섭게 형제 남매들이 떠난 집은 너무나 넓고 허전했다. 그러다보니 학교에서 내 주는 단어 뜻 찾기 숙제를 도와줄 사람은 어머니뿐이었다. 사전에도 없는 이상한 뜻을 적어간 내가 발표라도 할라치면 교실은 웃음바다가 되기 일쑤였지만 사전 밖의 낱말 뜻을 익힌 그 힘이 나를 문학으로 이끌었고 아이러니하게도 국어를 가르치는 사람으로 만들었다고 생각한다.

나보다 일곱 살 위인 어진 형님이 있어 일찍이 가장이 되어 줌으로써 우리 가족은 낯선 서울에서 다시 뭉쳐 살게 되었지만 어머니의 고생은 그 후로도 오랫동안 계속되었다. 부엌도 없는 단칸방에서 끼니 걱정을 해야 했고 병을 앓던 누님 한 분이 서른도 되기 전에 세상을 뜨는 아픔도 고스란히 가슴에 담아야 했다.

그런 어머니께 내가 효도한 기억은 거의 없으니 나야말로 큰 죄인이 아닐 수 없다. 다만 몇 해 전 시인이 된

나와 작곡가로 제법 유명세를 타는 아내가 함께 창작발표회를 가졌을 때의 일이 그나마 유일한 효도였다고 믿는다. 천여 명의 청중을 모시고 나도 몰래 울먹이며 소개시킨 분이 바로 작은 거인인 내 어머니였다. 그때 어머니의 행복해하던 모습을 나는 잊을 수가 없다.

그 일이 있은 후 많은 예술가, 지인들로부터 분에 넘치는 칭찬을 받기도 하고 어떤 원로 분께서는 장한 어머니상 추천을 제의하기도 했지만 어머니 당신은 가당치 않은 일이라 손사래를 치셨다. 요즘도 그날을 기억하는 분들로부터 가끔 인사를 받는 일이 있지만 한편 생각하면 일상화되지 못한 효행을 나무라는 말로 여겨져 부끄러운 마음이 앞서기도 한다.

아직은 차마 생각조차 하기 싫지만, 머지않아 어머니를 평생 그리던 아버지 곁으로 보내드려야 하는 날이 올 줄을 안다. 이제는 늙고 병들어 거동조차 자유롭지 못한 어머니를 어찌 혼자 떠나보낼 수 있을지 미리부터 눈시울이 뜨거워진다. 그 때를 당해 내가 회한과 슬픔으로 몇 날 며칠을 두고 얼굴을 들지 못하고 울더라도 흉보지 말기를 바란다. 그리고 어머니에 대해 쓰는 글이라면 굳이 문인이 아니라도 타인의 심금을 울리기 마련인데 혹시 내 글이 건조했다면 그것은 순전히 글재주 없음의 소치이며 내 불효 탓이라고 믿어주기를 바란다.

주어진 짧은 지면에, 더구나 부족하기 짝이 없는 글솜씨로 어찌 크신 내 어머니를 온전히 그려낼 수 있으리. 어머니에 대한 행장은 훗날 나의 문학이 더 성숙한 뒤에 다시 엮기로 하고 지금은 어머니, 나의 어머니가 부디 건강 장수하기만을 천지신명님께 빌고 또 빌 뿐이다.

* 이 글을 발표한 이듬해 봄, 어머니는 그예 우리들 손을 놓고 평생을 그리던 아버지 곁으로 가셨다.

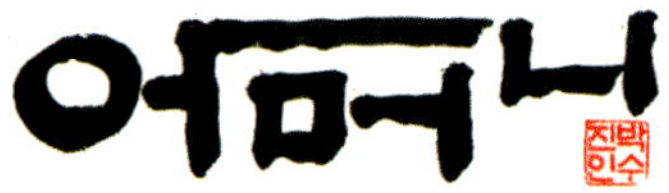

다시 불러보는 엄마야 누나야

"어린 시절, 엄마와 살던 날은 가난하고 힘들었지만 더없이 행복했다. 그곳에는 강변도 있고 금모래도 반짝이고 바람 불면 서걱이는 갈잎의 노래도 있었다."

올해도 새 학기를 맞아 어김없이 '엄마야 누나야'를 가르친다. 4행으로 된 소월 시를 벌써 30년 넘게 가르쳤지만 이 시를 대할 때마다 가슴이 먹먹해 온다. 시 감상이 끝난 뒤 아이들 입에서 찡~, 핑~ 이란 유행어가 퍼지기 시작하는 것도 늘 이때쯤이다.

엄마야 누나야 강변 살자

뜰에는 반짝이는 금모래빛
뒷문 밖에는 갈잎의 노래
엄마야 누나야 강변 살자.

길지도 어렵지도 않은 이 시가 유독 내 가슴을 울리는 것은 유다른 사연 때문인지도 모른다.

몇 해 전 어머니가 세상을 떠났을 때도 나는 교실에서 바로 이 시를 가르치고 있었다. 오래 병석에 누워계신 어머니가 마음에 걸려 주머니속 휴대폰에 신경을 쓰며 수업을 하는 차에 진동이 왔다. 어머니의 운명을 알리는 전화였다. 허겁지겁 책을 정리하는데 나도 몰래 두 눈 가득 눈물이 고였다. 영문을 몰라 쳐다보는 아이들에게 나는 짤막하게 어머니가 돌아가셨다는 말을 남기고 교실을 뛰쳐나왔다. 임종을 지켜드리지 못한 죄송함과 슬픔에 나는 속으로 수없이 엄마를 부르고 또 불렀다.

집으로 달려갔을 때 어머니의 몸은 싸늘히 식어가고 있었다. 더는 부를 엄마가 세상에 없다는 사실에 나는 태어나 가장 슬픈 날을 보내야 했다.

어린 시절, 엄마와 살던 날은 가난하고 힘들었지만

더없이 행복했다. 그곳에는 이 시에처럼 강변도 있고 금모래도 반짝이고 바람 불면 서걱이는 갈잎의 노래도 있었다. 어른들은 강변을 갱변이라 했다. 여름이면 거기서 누나들과 모래 장난도 하고 고기도 잡고 멱도 감으며 놀았다. 그리도 정답던 누나는 내가 서울로 와 대학을 다니던 어느 겨울, 서른 살을 앞두고 갑작스럽게 세상을 떠났다. 그때의 슬픔을 또 어떻게 말로 다할 수 있겠는가. 남편이 죽으면 땅에다 묻고 자식은 죽으면 가슴에 묻는다고 했다. 누나의 죽음은 누구보다 어머니에게 평생 가슴에 한이 되어 맺힌 엄청난 비극이었다.

날마다 해는 다시 뜨고 해마다 꽃은 다시 피어나지만 한 번 떠난 사람은 다시는 돌아오지 않는다. 지나간 세월 또한 그러해 누나도 가고 어머니도 떠나고 시 속의 주인공인 소년만 어느새 백발이 되어 덩그라니 세상에 남았다.

새로 중학생이 된 아이들은 지금 시의 세계에 푹 빠져있다. 조금은 감정을 절제하고 엄마야 누나야를 불러보지만 어느새 목소리가 촉촉히 젖어있다.

> – 얘들아 너희는 좋겠다. 부를 엄마와 누나가 있어 참 좋겠다. 선생님은 엄마도 누나도 세상을 떠나고 없단다. 그래서 어버이날이 와도 반갑지가 않단다. –

내 마음이, 아니 시인의 마음이 아이들에게도 잘 전해졌는지 아이들 눈에도 물기가 어려 있다. '엄마야 누나야' 노래를 함께 불러보는데 수업이 끝나는 벨이 울린다.

종생기(終生記)

후회없이 사는 하루하루가
죽음마저 아름답게 꾸며 준다.

종생기는 누가 쓴 글이든 진솔하고도 비감하다. 누구에게나 죽음은 두렵고 생각하고 싶지 않은 과제이지만 시시때때 다가오고 마주하는 죽음을 피해 갈 수는 없다.

문학작품으로서 〈종생기〉는 이상의 소설을 읽은 적이 있는데, 최근 어느 문학잡지에 실린 오태규 소설가의 같은 제목 단편을 읽고 가슴에 와 닿는 구절이 있어 여러 대목을 메모해 두었다. 이를테면, '죽음의 의식이란 친구들과의 결별, 자의식과의 결별, 그리고 이 세상 마지막 봐 두기' 라는 말에 공감이 갔다. 그것은 대학시절 감명깊게 들었던 구상 선생님의 강의 내용과도 유사했다.

그때 선생님께서는 우리에게 죽음이 두려운 이유 세 가지를 말씀하셨다. 첫째는 병마에 의한 육체적 고통이요, 둘째는 정을 거두는 일이며, 셋째는 미지의 세계로 가야하는 일이라고 했다. 그 세 가지 두려움만 극복한다면 죽음이 두려울 이유가 없다는 것이다.

나는 그시절 너무나 젊고 창창했기 때문에 첫 번째 두려움으로 제시한 육체의 고통은 저차원의 것으로 치부했다. 그보다는 부모형제와 친구, 애인, 하다못해 기르던 애완견이나 아끼는 만년필 등속과의 결별은 생각만으로도 가슴이 아팠다. 게다가 장소에 집착하는 고양잇과에 속하는 나로서는 한 번도 가보지 않은 미지의 세계로 떠나는 일이란 상상만으로도 두려웠다. 더구나 지옥과 연옥을 생생하게 묘사한 단테의 신곡이나 어느 절집의 벽에 그려진 아비규환의 지옥 그림을 떠올리면 죽음은 공포감을 자아내기에 부족함이 없었다. 죽어서 가는 곳이 천국이라는 확신이 있거나, 고향으로 가는 길처럼 낯익고 그 곳에 반가이 맞아줄 부모형제가 있다면 죽음이 두려울 이유가 무엇이겠는가.

그러던 것이 세파에 시달리고 온갖 병을 달고 살면서부터 이제는 죽음 앞에 겪어야 할 육신의 고통이 크게 다가온다. 어쩌면 그것은 나이가 들면서 나 또한 어쩔 수 없이 현실적이고 형이하학적으로 변한 것인지도 모를 일이다.

여러 해 전 인도의 갠지스강에서 소원을 빌 때만 해도 죽음 앞에 육신이 겪어야 할 고통에 대한 걱정은 앞 순서가 아니었다. 생명의 새벽 강에 촛불을 띄워보내며 나는 오직 '추하게 늙지 않기'를 빌고 또 빌었었다. 그때 의사인 친구 부인이 아프지 않고 죽기를 소원했다고 말했을 때 다소 의아했던 기억이 새롭다. 이제 다시 나에게 남은 생에 소원을 빌라고 한다면 무엇을 앞 순서에 올리게 될까를 생각해 본다.

어찌 되었건 사람에게 있어 죽음은 상실과 슬픔의 다른 이름일진대 이번에 읽은 종생기에는 이런 불교 설화도 소개하고 있다.

3대 독자인 아들을 잃은 여인이 기원정사로 부처님을 찾아왔다. 그리고 슬픔에서 벗어날 길을 가르쳐 달라고 애원했다. 그러자 부처님은 그 여인에게 이런 과제를 주었다지 않은가. "마을로 가서 사람이 죽은 일이 없는 집을 일곱 군데만 찾아 쌀 한 움큼씩만 얻어오면 슬픔에서 벗어나는 방법을 알려주겠다"고. 기대를 걸고 마을로 달려간 여인은 단 한 움큼의 쌀도 얻지 못하고 돌아왔다. 사람은 나면 누구나 죽는다는 진리를 깨닫고 여인은 참을 수 없던 슬픔의 긴 터널에서 빠져나왔다고 한다.

참척(慘慽)에서부터 순애보(殉愛普)에 이르기까지 죽음의 이야기는 삶의 이야기만큼이나 끝없이 반복된다. 그러나 한 가지 분명한 것은, 후회없이 사는 하루하루가 죽음마저 아름답게 꾸며 준다는 사실이다.

불타는 열기로 이글대던 여름이 시들고 나면 요란하게 울던 매미도 어느 순간 울음소리를 뚝 그치고 땅 위에 떨어져 스스로의 몸을 버리는 날이 올 것이다. 이어서 찬바람이 불고 거리마다 나뭇잎들이 떨어져 속절없이 쓸려 다닐 때쯤 한 발 성큼 다가온 생의 마지막 날을 떠올리며 나는 다시 한 번 종생기의 밑줄 친 구절을 읽을 것이다.

> "우선 고통 없이 죽었으면 좋겠다. 내가 마지막 보게 되는 장면이 아름답고 평화스러웠으면 좋겠다. 육신을 훌훌 벗어버린 후에는 삼계(三界)를 훨훨 날아다니고 싶다."

우복동牛腹洞 이야기

지금도 혼자인 시간이나 하루 종일 비라도 오는 날이면
나도 몰래 문득문득 우복동이 그립다.

내가 우복동의 내력에 대해 처음 들은 것은 지금으로부터 30년도 더 지난 대학 3학년 때의 일이다. 나는 그해 여름 한 방학을 오롯이 고향 근처에 있는 '김용사' 라는 절에 몸을 맡기고 있었다. 절집 방에는 나 또래의 대학생 여러 명이 기거하고 있었는데, 독서와 정양을 위해 찾은 나를 빼고는 모두가 고시 공부를 하는 친구들이었다. 그들 중 상주 출신의 입담 좋은 학생 하나가 들려준 얘기가 우복동에 얽힌 설화인데 시쳇말로 나는 그만 거기에 꽂히고 말았다.

속리산 자락에 있는 상주군 하북면 우시장에 식량이 떨어진 농부가 소를 팔러 나왔다. 그러나 해가 기웃해 장이 파하도록 소는 팔리지 않았다. 곯은 배를 움켜잡고 먹을 것을 기다릴 가족들을 생각하며 농부는 빈 소전에 우두커니 앉아 있었다. 그러기를 한참 만에 흰 도포를 입은 점잖은 노인이 다가와 소를 사겠다고 하였다. 그것도 값을 후하게 쳐주겠다니 그런 구세주가 없어 농부는 여러 차례 머리를 조아렸다. 다만 소 값은 골짜기 너머에 있는 자신의 집에서 치르겠다는 것이다.

착한 농부는 소 고삐를 노인에게 맡기고 그 뒤를 따랐다. 한참을 걸어가자 산은 깊고 골은 더욱 깊어졌다. 더러 돌아갈 길이 걱정이 되었지만 노인의 풍모에 매료된 농부는 무엇에 홀린 듯 그를 따라 점점 산중 깊숙한 곳으로 들어갔다. 드디어 그들이 당도한 곳은 어느 폭포 앞이었다. 그곳이 자신의 집이라며 노인이 무어라고 주문을 외우자 폭포 뒤에 있는 바위 문이 열리고 빨려들 듯 그들은 안으로 들어갔다. 바위 문 속의 세계에 대한 묘사는 그동안 내가 듣고 읽어온 신선의 세계인 무릉도원의 모습과 크게 다르지 않았다.

평안과 자유가 무한정 허락된 곳에서 행복에 빠져 지내던 농부는 어느 순간 문득 잊고 산 가족들이 떠올랐다. 이렇게 살기 좋은 곳에 한시 바삐 가족들을 데려와야 한다는 마음에 농부는 마음이 급해졌다. 그래서 자신을 데려온 노인을 찾아가 자신의 뜻을 얘기하고 가족들을 데려오게 해 달라고 간청했다. 농부의 뜻을 꺾을 수 없다고 판단한 노인은 바깥세상으로 농부를 마중하며 친절하게도 바위문을 열 수 있는 주문까지 가르쳐 주었다. 단걸음에 집에 도착한 농부는 살림을 대강 정리한 뒤 아내와 자식들을 데리고 다시 그 폭포를 찾아갔다. 그러나 아무리 기억을 더듬어 헤맸지만 끝내 그곳을 찾을 수 없었다고 한다.

그 몽롱하고도 안타까운 이야기를, 실제로 지명이 존재한다는 데 방점을 찍어가며 실감나게 풀어갔다. 게다가 우리가 바라는 천국은 하늘 위에 존재하는 것이 아니라 지구의 지각 속에 있다는 지구공동설에다가 조선 시대 명재상이던 서애 유성룡의 〈징비록〉까지 들먹이며 지금도 그곳을 찾기 위해 일본에서까지 온 몇몇 가구가 모여 산다는 말에 왠지 모를 설렘으로 그날 밤은 잠까지 설쳤던 기억이 난다.

그 후 나는 상류인 절집을 떠나 군부정권 말기의 소란하고 번잡한 하류인 서울 집으로 돌아오는 길에 망설임 없이 단독으로 우복동행을 결행하였다. 상주 읍내에서 하루 두어 차례 왕복하는 하북행 버스 안에는 장꾼 몇 명과 내가 승객의 전부였다. 비가 오고 있었고 비안개에 덮인 길은 구불구불해 상상속의 그곳을 꼭 찾을 것만 같은 기대에 부풀어 나는 어느새 그날의 농부가 되어 있었다.

목적은 달랐지만 지금까지 살아오면서 나는 몇 차례 더 속리산을 찾았고 행여 일행이라도 있을라치면 나는 잊지 않고 우복동 이야기를 실감나게 들려주곤 했다. 그때마다 지난 날 내가 그랬던 것처럼 이상향인 우복동에 대해 푹 빠져드는 이들을 보며 동질감의 쾌감과 함께 아릿한 그리움을 느끼곤 했다.

우복동 – 타고난 병약과 상실, 끝모르는 가난과 일찍 찾아온 지병에 실연까지 겪던 아픈 청춘이 일찍이 나를 그곳으로 이끌었는지 모른다. 그러나 그런 모든 것들을 극복했다고 자부하는 지금도 혼자인 시간이나 온종일 비라도 내리는 날이면 문득문득 우복동이 그립다.

올 여름에는 다시 한 번 혼자서 그곳을 찾아가 볼까 한다.

'일본 딸' 치에知惠 야, 힘내

징용 끌려갔다 얻은 병으로 아버지는 일찍 세상을 떴다…
당시 난 다섯 살이었다. 3년 전 네가 우리집에 온 날…
아픈 기억을 가슴에 묻었다.
엄청난 고통이 덮친 널 위해 안타까운 마음으로 기도한다.

태어나 한 번도 겪어보지 못한 대지진과 참혹한 쓰나미, 거기다 설상가상으로 원자력발전소 사고까지 겹쳐 엄청난 고통을 겪고 있을 너를 생각하면 가슴이 미어진다. 네가 살고 있는 곳은 도쿄에서 조금 떨어진 작은 도시라고 했다. 연세 높으신 할머니와 너희 부모님을 비롯해 일본 국민 전체가 당한 비극 앞에 우리는 마음을 모아 위로하며 빠른 수습을 위해 기도하고 있단다.

정말이지 미국 대통령의 말처럼 우리네 인간들이 사는 삶의 토대가 얼마나 허약한지를 새삼 깨닫게 해주는 대재앙 앞에 지구촌 사람들은 모두 할 말을 잊고 말았다.

치에야, 네가 우리 집에 처음 온 것은 세 해 전의 일이었다. 그때 너는 교환학생으로 우리나라에 와서 어느 여자대학에서 공부하고 있었다. 민속학을 전공하는 너는 한국 민속, 특히 농악에 관심을 가지고 내 둘째 딸과 동아리 활동을 함께하며 가까운 친구가 되어 있더구나. '까날' 이란 예명의 네가 마침 대학 기숙사 일정이 맞지 않아 거처가 마땅치 않자 우리 집에서 몇 달을 지내게 해달라고 딸 아이가 부탁했을 때 사실 나는 착잡한 심정이었단다. 잠자리가 불편하거나 귀찮아서가 아니었다. 그건 다름 아닌 내 가족의 역사에서 비롯된 것인데, 전후(戰後) 3세대인 너는 잘 모르겠지만 내게는 차마 잊을 수 없는 아픔이 아직도 선연하기 때문이었다.

내 아버지는 제2차 세계대전이 막바지로 치닫던 1944년 징용으로 남쪽바다 먼 섬 오키나와로 끌려갔다. 한 해가 지난 1945년 8월 6일과 9일 히로시마와 나가사키에 원자폭탄이 투하되고 전쟁은 끝이 났다. 하지만 아버지는 해방이 되고도 반 년이 넘어 겨울이 다 가도록 돌아오지 않았다. 끝내 소식이 없자 아버지는 이미 죽은 사람이라며 마을 사람들이 기다리는 일을 포기하라고 권했지만 어머니는 마지막까지 희망의 끈을 놓지 않았다고 한다. 새벽마다 가장 먼저 마을 우물에 가서 정화수를 떠다 놓고 아버지가 살아 돌아오기를 기원했단다. 그릇에 꽁꽁 언 물을 버리고 다시 떠놓기를 얼마나 반복했는지 그해 겨울 우리 집 곁에는 작은 얼음산 하나가 생겼다고 했다.

그 정성이 하늘에 닿았는지 이듬해 봄 아버지는 기적처럼 살아서 돌아왔다. 그러나 아버지는 전쟁에서 얻은 병을 끝내 이기지 못하고 서른아홉 젊은 나이에 세상을 떠나고 말았다. 1959년 정월 그때 내 나이 다섯 살, 내 동생은 첫돌을 갓 넘긴 아기였으니 그 뒤 우리 가족의 삶이 얼마나 신산했을지는 쉽게 짐작이 갈 것이다. 그러나 이렇게 아픈 사연이 어디 우리 집뿐이겠느냐. 내 고향은 경북 예천인데 그곳만 해도 오키나와를 비롯해 남양군도, 사할린 등으로 징병이나 징용이란 명목으로 끌려간 사람이 부지기수였다. 더러는 죽고 더러는 살아서 돌아왔지만 무슨 이유에서인지 살아 돌아온 사람도 채 10년을 넘기지 못하고 세상을 뜬 사람이 대부분이었

다고 하더라. 그래도 내 아버지는 만 13년을 버텼으니 꽤 오래 산 축에 든다고 한다. 그 사이에 우리 남매들이 태어났고.

네가 짐을 가지고 우리 집에 오던 날 인사를 나누고 우리는 식탁에 마주 앉았다. 그러나 우리 집 역사를 네게 말하지는 않았다. 아니 한마디쯤은 하고 싶었지만 꾹 참았다. 공치사를 하는 것으로 비칠까 봐, 아니면 아무것도 모르는 네가 불편해할까 봐, 아픈 기억을 나는 가슴에 묻었다. 그런 마음이 통해서인지 너는 편안하고 유쾌하게 식구가 되어주었고, 공부를 마친 뒤에는 아쉬운 인사를 나누며 일본으로 돌아갔다. 그 후에도 너는 자주 한국을 찾았고 그때마다 우리 집에 짐을 풀었다. 우리 딸아이들 자매 또한 일본의 너희 집을 방문해 인사를 드렸고, 부모들 사이에도 서로 안부를 물으며 정을 키워나갔다. 그러는 사이 어느새 너는 나의 '일본 딸' 이 되어 있었다.

얼마 전 서울에 온 너는 일본에서 대학원을 마치고 박사과정에 들어간다고 했다. 한국 사람보다 더 우리 문화에 관심을 가지고, 특히 농악을 연구하는 데는 누구보다 열정적이어서 참으로 고맙고 대견스러웠다. 그런데 이렇게 슬픈 일이 네 나라를 덮치고 말았구나. 그곳의 다른 나라 사람들은 돌아갈 땅이라도 있지만 고스란히 고통을 감당해야 하는 너와 네 조국을 우리는 안타까운 마음으로 지켜보고 있단다.

지금은 말할 수 없이 힘들겠지만 슬픔에도 힘이 있다는 사실을 시간이 지나면 알게 되리라고 믿는다. 지난

날 일본이 그러했고 한국이 그러했듯 재앙과 슬픔을 딛고 더 단단히 일어서게 될 날이 꼭 오고야 말 것이다. 그러니 어떤 일이 있어도 희망을 잃지 말기를 바란다. 지금 일본을 위해 걱정하고 기도하는 마음들이 하늘을 움직이고 있으니까.

치에야, 힘내! 사랑한다.

2부

문학의 길

사랑하기에도 가난하기에도

병을 핑계 삼기에도 늦어버린 세월

그러나 어찌 하겠는가

시가 나를 버리지 않는 한

추억을 벗 삼아

내일을 별빛 삼고 의지 삼아

주름진 살을 찔러 피를 내면서라도

한 걸음 한 걸음 걸어

아득한 곳을 향해 나아갈 수밖에…

– '나의 시' 중에서

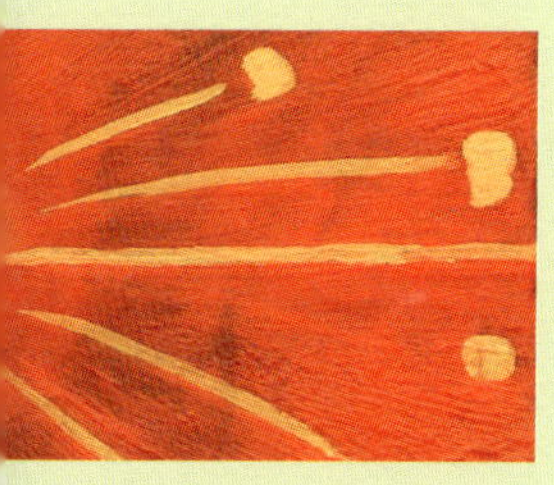

새해 편지

'침향(沈香)' 의 뜻을 되새기며
이해와 용서와 그리움의 불길이
먼 곳이 아닌 내 마음속에서부터 먼저 시작되기를…

희망과 새로운 다짐으로 옷깃을 여미고 길을 나서는 밝은 새해입니다.

언제나 새해를 맞을 때마다 이렇게 가슴이 설레는 것은 부끄럽고 어두웠던 어제를 교훈삼아 스스로 새로워지고 싶은 바람이 있기 때문일 것입니다. 새로움이 없는 사람은 발전이 없으며 내일이 없습니다. 새해가 오고 새날이 오고 때맞추어 계절이 바뀌는 것은 끊임없이 변화하라는 자연의 엄숙한 가르침인지도 모릅니다. 그러나 스스로를 새롭게 한다는 것은 말처럼 쉬운 일이 아닙니다. 누구나 새해 아침의 발걸음은 가볍고 단정하지만 얼마 지나지 않아 천성과 타성에 지배를 받는 시행착오를 수없이 되풀이하며 살아갑니다. 그래서 혹자는 심각한 죽음의 체험이나 혹독한 삶의 시련 없이 새로운 삶을 살기란 불가능하다고 말하기도 합니다.

다시금 밝아온 새해는 우리 모두가 날마다 새로 사는 마음으로 이어지는 한 해가 되기를 진심으로 축원합니다. 그런 의미에서 새천년을 맞은 12월 24일 홀연히 세상을 떠난 큰시인 미당 서정주 선생님을 떠올려 봅니다. 저는 일찍이 그분의 '沈香' 이라는 시에서 큰 감명을 받은 적이 있어 새로운 각오를 다지는 뜻으로 여기에 그 한 부분을 옮겨 봅니다.

> 질마재 사람들이 침향을 만들려고 참나무 토막들을 하나씩 하나씩 들어내다가 육수와 조류가 合水치는 속에 집어넣는 것은 자기들이나 자기들 아들딸이나 손자손녀들이 건져서 쓰려는 게 아니고, 훨씬 먼 미래의 누군지 눈에 보이지도 않는 후대들을 위해섭니다

눈앞의 명성과 이익만을 좇다가 참담한 파멸을 맞은 수많은 근시안적 태도를 가진 이들이 늦게라도 뉘우치고 명심해야 할 가르침입니다. 옛것이 경시되고 버림받는 현실에 침향의 의미를 전한 시인도 고맙지만 손에 잡히는 내 아들이나 손자를 위해서가 아니라 얼굴도 짐작하기 어려운 먼 미래의 후손들을 위해 침향을 마련하던 이름 없는 조상들의 정신에 머리가 숙여집니다.

물속에 잠궈 둔 나무는 최소한 2 · 3백년, 멀리는 천년쯤 지나야 좋은 향기를 낸다니 어찌 그 향기가 사람의 마음을 움직이지 않을 수 있겠습니까. 이렇게 긴 세월동안 서로의 믿음과 사랑이 이어져 '따분할 것도, 아득할 것도, 너절할 것도, 허전할 것도' 없는 것이 바로 우리가 이어받고 만들고 다시 물려주어야 할 정신문화입니다.

지금까지 우리는 내 자신과 내 가족의 이익만을 추구하다가 참으로 소중한 것을 잃어버리지는 않았는지 생각해 보며 다시 시작하는 새해가 되었으면 합니다. 침향을 준비하던 조상들의 정신을 이어받아 진실과 성실

함으로 가까운 사람을 감동시키는 일에서 출발하여, 이해와 용서와 그리움의 불길이 먼 곳이 아닌 내 마음속에서부터 번저 일어나기를 간절히 바랍니다.

언령言靈

말은 진실하되 가볍지 않아야 하며

험담이나 악담은 애당초 근처에 가지도 말아야…

몇 해 전 내가 가르치는 한 여학생으로부터 색다른 내용의 편지 한 통을 받은 적이 있다. 새로 입학해 나에게 국어를 배우게 된 그 아이는 유독 사람의 목소리에 민감하다고 자기를 소개하였다. 그러면서 자신이 좋아하는 목소리를 가진 사람의 명단에 나를 올린다는 내용이었다. 그 편지를 읽으며 나는 무거운 책임감을 느꼈다. 국어 선생 노릇을 하지만 스스로 생각해도 내 발음에는 투박한 사투리가 묻어 있는 데다 맑은 음색은 더구나 아니기 때문이다.

그 학생의 편지를 읽고 생각해 보니 나 또한 사람의 말 한마디 한마디와 음색에 민감하다는 것을 알았다. 아니, 민감한 정도가 아니라 약간의 편집증 증세가 있는지도 모른다. 이를테면 라디오를 들을 때 뉴스나 프로그램 진행자가 누구인지를 모르면 답답해 견딜 수가 없고, 텔레비전의 다큐멘터리 프로르램을 볼 때면 마지막 장면의 내레이터 이름을 꼭 확인하는 버릇이 있으니 말이다. 그 아이처럼 좋아하는 목소리의 이름들을 따로 적어 두지는 않지만 아나운서나 성우를 포함해 귀와 마음을 즐겁고 편안하게 해주는 음성들을 나는 분명히 기억하고 있는 것이다.

우리가 쓰는 말은 분명히 신비로운 힘을 가지고 있다. 그러기에 일찍이 구상 시인은 말의 영혼, 즉 언령(言靈) 있음을 설파하며 특히 기어(綺語)의 죄를 경계하였다. 시인들이 시어를 구사함에 있어서 분수에 맞지 않게 비단 같이 고운 말로 꾸며 써서는 안 된다는 경계인 것이다. 기어를 남발한 사람은 죽어서 지옥에 가게 되는데, 그곳은 바로 혀가 서 발 하고도 다섯 자나 빠지는 형벌을 받게 되는 무간지옥이라고 한다. 말로 업을 짓고 사는 정치인이나 종교인, 교육자, 시인을 포함한 문인들이 그곳의 단골이라고 하니 놀라운 일이 아닐 수 없다. 그런데도 이들은 대중을 선도하고 선행을 한다고 믿으며, 천국행 티켓을 예매하고 있는 줄 착각 속에 살고 있으니 참으로 답답한 노릇이 아닌가.

말은 본시 인간 생활에 있어서 의사소통의 필수 도구이지만 죄악에 보다 가까운 것이라는 생각이 든다. 화생어구(禍生於口), 화는 입에서부터 나온다고 했다. 화종구출 병종구입(禍從口出 病從口入), 모든 화와 병의 출입구가 다름아닌 사람의 입이라는 가르침의 말이다. 악담이나 욕설 같은 험한 말이야 두말할 필요도 없겠지만 입에 발린 달콤한 말도 죄가 된다고 하니 칭찬도 함부로 남발할 일은 아니다.

무릇 말은 진실하되 가볍지 않아야 하며 험담이나 악담은 애당초 근처에 가지도 말아야 한다. 더구나 순식

간에 말이 퍼져나가 걷잡을 수 없는 지경에 빠지게도 하는 인터넷 시대에 사는 우리는 입말이든 글말이든 한 번 잘못 뱉은 말이 부메랑이 되어 돌아오지 않도록 말 조심의 경구를 한순간도 잊어서는 안 된다.

말에는 분명 혼이 들어있다. 날마다 말이 말을 만들어내는 소란 속에 섞여 살아가지만 그래도 말 만큼은 돈처럼, 경우에 따라서는 돈보다 더 아끼며 살아야 삶에 있어 부끄러움이 덜하지 않을까 생각한다.

연금술사

무수히 내뱉은 나의 말들이,

그리고 내가 지은 그 동안의 시편들이

과연 순도 몇 퍼센트의 가치로운 것이었던가

많은 이들이 읽고 필독서가 된 『연금술사』는 자아의 신화를 찾아가는 주인공 산티아고의 기나긴 여정을 그린 작품이다. 시련의 사막을 건너가다 만나는 연금술사와의 조우는 설렘과 감동을 자아내게 한다.

연금술이란 쇠붙이를 특수한 기법으로 제련해 금을 만드는 기술을 말하는데, 기원전 알렉산드리아에서 시작되어 이슬람 세계에서 체계화하여 중세 유럽에 널리 퍼진 주술적 성격이 강한 일종의 자연학이다. 또 물질적인 금속 전환을 단순한 비유로 삼아 기도와 귀의에 의해 죄 많은 인간을 완전무결한 인간으로 전환시키고자 하는 신비적이고 비교적(秘敎的)인 방식으로도 성행했다고 한다.

그 기술과 정신적 깊이는 짐작하기조차 쉬운 일이 아니지만 한 가지 공통점은 통속적이고 무가치한 것에다 영혼의 힘을 불어넣어 물질 이상의 가치있는 그 무엇을 만들어 낸다는 사실이다. 우리의 소중한 문화유산인 에밀레종이나 다보탑, 석가탑 같은 보물들도 따지고 보면 인내와 희생이라는 일종의 연금술에 의해 만들어진 것임에 틀림없다.

이렇듯 연마를 통해 가치로운 것을 만들 수 있는 기술습득이 쉽기만 하다면 어느 누군들 그 기술을 터득하고 싶지 않겠는가. 그런 의미에서 세상에 숱하게 널려있는 언어를 자신만의 사색과 안목으로 건져 올려 반짝이는 보석과도 같은 문학작품을 창조해 냄으로써 자신의 삶은 물론 타인의 삶까지 깊고 윤택하게 만드는 작가를 일컬어 언어의 연금술사라 부르는 것은 매우 적절

한 비유라고 생각한다. 더구나 말로 인해 온갖 갈등이 빚어지고 온 나라가 시끄러운 요즘, '언어의 연금술'은 그 어느 때보다 필요하며 언어의 연금술사야말로 부러움의 대상이 아닐 수 없다. 또 비록 그 기술이 유명 작가들처럼 양질의 가치를 생산하는 것이 아니라 해도 생활을 여유롭고 넉넉하게 하는 언어의 연금술이야말로 사람이라면 누구나 평생을 통해 배우고 연마해 나가야 할 과제임이 분명하다.

문학의 기능은 감동과 교훈과 쾌락에 있다. 사람이 빵만으로 살 수 없다고 할 때 빵 이외의 모든 요소가 문학 속에 들어있다고 해도 과언이 아니다. 바쁘게 변해가는 물질문명 시대에 깨달음을 통한 감동은 인간의 정체성을 지키는 가장 중요한 정신적 자양분이다. 이를 위해 작가들은 삭막한 경쟁에서 한 걸음 물러나 자신을 돌아보고 사색하는 여유를 가지며 그 결과물을 우리에게 끊임없는 삶의 화두로 던져준다.

교훈 또한 인간사회를 지탱해 나가는 필수 요건이다. 가정이나 학교에서 교육을 통한 가르침도 중요하지만 독서로 얻는 감동적 교훈이야말로 인상적이며 능동적인 것이므로 그 효과와 유효기간이 어떤 교육과도 비교할 수 없다. 또 단순하고 일시적인 쾌락과 구별되는 감동과 교훈을 동반하는 오락적 기능 또한 인간에게 꼭 필요한 요소이다.

이렇듯 언어의 연금술을 터득하여 스스로의 삶의 질을 높이는 동시에 생명을 북돋우는 양생(養生)에 이르기까지는 엄청난 수련과 학습의 과정이 필요하다. 철학자의 사고와 과학자의 눈, 정치가의 언술과 화가의 기법은 물론 많은 독서량과 습작의 연마도 반드시 거쳐야 할 단계이다.

나는 오늘도 무수히 내뱉은 나의 말들이, 그리고 내가 지은 그 동안의 시편들이 과연 순도 몇 퍼센트의 가치로운 것이었던가를 조용히 되돌아본다.

'후이늠'의 언어와 '야후'의 언어

기적같이 봄이 오고 만화방창 눈부신 봄날
'후이늠'의 언어로 향기나는 한 줄의 시를 쓰고 싶다.

시인을 가리켜 흔히 언어의 연금술사라고 한다. 그러나 어찌 시인만이 언어의 연금술사이겠는가. 거짓이나 꾸밈이 없는 말로써 우리의 영혼을 울리는 이가 있다면 그가 바로 언어의 연금술사이며, 그런 사람을 많이 가진 사회야말로 풍요롭고 아름다운 사회이다.

인간은 말을 가졌기에 철학적인 존재가 되었고 어떤 생명체보다 신령스럽게 되었다는 사실은 누구도 부정하지 않을 것이다. 그러기에 우리가 쓰는 말에도 신령함이 있다고 믿는 것이 언령(言靈) 사상이며 이는 최근에 와서 말이 식물의 성장에까지 영향을 미친다는 여러 가지 실험의 결과로 과학적인 증명의 뒷받침까지 확보하기에 이르렀다. 이렇게 신령스런 말을 직조해 감동을 만들어내는 사람이 시인을 포함한 문인들이다.

그런데도 시인다운 언어 구사와 시인다운 삶을 사는 데는 한없이 게으르면서 오로지 시인되기를 원하는 사람이 넘쳐나는 것이 우리네 현실이다.

여기서 아일랜드 출생의 영국 작가 죠나단 스위프트의 오래된 명작 『걸리버 여행기』가 생각난 것은 자연스런 일일지 모른다.

> "거기에서는 좋은 말만 오갔는데 단순하지만 의미는 깊은 말들이었다. 그리고 격식에 치우치지 않으면서도 품위가 있었고 말하는 사람이나 듣는 사람 모두가 즐거운 분위기였다. 누가 도중에 말을 중단시키거나 지루해하거나 의견이 충돌하는 경우는 없었다. …… 그들이 하는 대화는 주로 우애심이나 자비심, 질서나 가정, 자연의 이치, 옛날부터 전해오는 풍습, 미덕의 한계, 이성의 법칙, 다음 회의에서 결정할 내용, 시구에 관한 것 등이었

다."

걸리버 여행기 중 〈말(馬)의 나라〉에서 선택받은 종족인 '후이늠' 들이 사용하는 말(言)에 대한 구절이다. 그 섬의 주인인 품위 있는 말들에게는 비록 글자라는 것이 없지만 거짓이라는 단어조차 없으며 "그들의 시에 나타나는 비유법과 정확하면서도 아름다운 묘사법은 우리 인간들이 모방할 수 없는 정도였다"고 걸리버는 말한다.

우리는 애써 배운 지식과 말을 이용해 무용한 논쟁에 시간을 허비하고 남에게 상처주는 말도 서슴지 않는다. 자연과 오랜 전통에 순응하며 지혜와 미덕으로 살아가는 '후이늠' 은 갈수록 드물고 저주와 악담과 막말을 거침없이 해대는 고약한 '야후' 들이 판치는 세상이다. 더구나 문인의 명찰을 단 '야후' 들까지 등장해 이념의 나팔수 노릇을 하거나 말판을 흐리게 하는 모습은 참으로 안타까운 일이 아닐 수 없다.

이것이 내가 『걸리버 여행기』를 다시 읽으며 향수에 젖는 이유이다. 문학인이라면 모름지기 날마다 스스로의 말에 대한 빈곤을 인정하며 영혼을 흔드는 언어에 대한 동경과 언행일치하는 높은 삶의 실천을 목표로 삼아야 하지 않을까.

기적같이 봄이 오고 만화방창 눈부신 봄날이지만 말로 하여 소란하고 상처투성이가 되는 오늘, 걸리버가 말한 저 '후이늠' 의 언어로 향기나는 한 줄의 시를 쓰고 싶다.

문학의 길

삼복 땡볕 더위를 견뎌내는 나무처럼 머리 숙인 자성으로
심오한 내면을 응시하며 해 긴 여름날을 묵묵히 보낼 일이다

광장과 거리에 깃발이 나부끼고 촛불의 환영(幻影)이 일렁이는 시대일수록 문학이 설 자리는 좁아진다. 혹자는 이런 소란과 격동을 문학적 소재로 삼아 열심히 글을 써낸다고도 하지만, 이는 인간 내면의 성찰과 자잘한 일상의 삶 속에서 얻은 깨우침으로 감동을 공유하려는 문학 본래의 속성과 동떨어져 있어 작품으로서 성공을 거두기가 매우 어렵다.

시를 포함한 모든 문학이 본시 미적 감동을 통한 정화나 교훈, 깨달음을 존재 목적으로 삼을진대 굳이 '순수'라는 말을 문학이라는 말 앞에 수식어처럼 붙이는 것이 어쩌면 가당치 않은 일일 수도 있다. 우리나라에서 벌어졌던 순수문학 논쟁사를 보면 1930년대 참여문학 계열에 반대해 이데올로기로부터 벗어나 문학의 순수성을 지키자는 논의에서부터 출발하여 1970년대에는 민중문학의 대척점에 순수문학이 자리함으로써 참여나 민중문학과 서로 대립되는 개념으로 이해되었다.

어둡고 슬픈 시대에는 문인들이 대중의 언어로 대신해 울어주어야 한다. 그것이 글쓰는 사람의 책무요 도리이기도 하다. 그럴 때의 울음은 곧바로 치유나 희망의 다른 이름이 되기도 한다. 그 좋은 예가 일제 강점기의 만해 한용운, 이육사, 윤동주의 시작품들이다. 우리는 그들을 주저없이 민족시인이나 저항시인으로 부르는데 암울했던 시대에 이보다 더 처절한 참여정신이 어디에 있겠는가. 그러나 이들이 노래한 현실의식의 시가 어느 한 시대에 머물지 않고 생명을 넘어 생명으로 이어지는 데에는 그들의 작품 속에 중요한 문학적 비기

(秘技)가 숨겨져 있기 때문이다. 그것은 다름 아닌 전체 민중이 느끼는 동질감과 개인적 감정을 승화시킨 빛나는 비유와 함축의 힘이다. 그럴 때의 참여는 귀를 막고 목청만 높이는 어느 한 쪽 편들기나 막무가내 악다구니가 아닌 순수의 영역으로 자연스럽게 편입된다.

이렇게 순수와 참여가 반목과 대립관계가 아닌 상호보완이나 타산지석의 자극으로 문학발전을 이끌어 간다면 어느 쪽도 멀리할 일이 아니다. 툭하면 남의 말꼬리나 잡고 늘어지며 목소리를 높여 제 주장밖에 할 줄 모르는 사람은 문학의 동력인 공감을 이끌어내기 어렵고 어렵다. 일반 대중이 동의하지 않는 일부의 편견이 전부인 양 착각하고 일시적인 분위기에 휩쓸려 용감하게(?) 펜을 드는 일은 개인을 위해서는 물론 문학을 위해서도 결코 바람직하지 않다. 쉽게 말해 절반은커녕 반의 반도 안되는 군중심리에 도취되어 설익은 언어로 글을 쓰는 것은 다수의 공감 가능 독자를 처음부터 포기하는 행위나 마찬가지다. 그런데도 조잡한 현실참여의 글을 써 대단한 것인 양 발표하는 것은 글쓰는 사람의 편향된 시각 때문이거나 일단의 군중 속에 파묻혀 그들이 대다수인 양 오판하는 착시현상 때문인지 모른다.

그 결과에 대한 판정은 세월이 냉정하게 말해 준다. 한 번 지나간 파도는 쉽게 잊혀지고 만다는 평범한 진리를 글을 오래 써 본 사람은 육감으로 안다. 그러나 많은 초심자들은 이 사실을 모른 채 시행착오를 거듭하고 있어 매달 배달되는 문학지를 받아볼 때마다 안타까움을 느낄 때가 많다. 그러고서도 문학현실의 빈곤을 탓하거나 자신의 글을 알아주지 않는 독자를 원망하며 외롭다는 엄살을 떤들 누가 가까이 다가와 함께 울어 줄 것인가. 어설픈 참여뿐 아니라 반복되는 일상의 이야기를 깊은 사색 없이 설익은 문장으로 써 놓고 '순수'로 위안 삼는 일도 우리는 또한 끊임없이 경계해야 한다.

소외된 이웃이나 핍박받으면서도 꿋꿋이 살아가는 사람들의 이야기는 비록 소수라 하더라도 문학이 따뜻이 보듬어야 한다. 되도록이면 정치적으로나 사회적으로 첨예하게 대립되어 목소리를 높이는 곳에는 문학이 가담하지 말아야 한다. 그것은 정치인이나 사회개혁가들이 해야 할 몫이기 때문이다. 거기에 휩쓸렸다가는 자칫 그들에게 이용당하거나 문학의 질적 저하를 가져오기에 십상이다.

모름지기 몇 사람이라도 더 자신의 작품에 공감하기를 원한다면, 하다못해 자신이 살아있는 동안에라도 살아 숨쉬는 글을 바란다면 우리는 순수를 지향할 수밖에 없다. 생활주변의 작은 것들을 통해 인생과 우주의 의미를 담아내는 노력을 쉬지 않고 이어가야 한다. 거기에다 비유와 함축, 치밀한 구성, 언어의 조탁, 세밀한 묘사 등 모든 문학적 장치를 장착한 신무기를 만들어 세상의 순수한 감성을 향해 쏘아야 한다.

이 여름, 자신이 키운 잎가지로 그늘을 만들어 삼복땡볕 더위를 견뎌내는 나무처럼 머리 숙인 자성으로 심오한 내면을 응시하며 해 긴 여름날을 묵묵히 보낼 일이다.

磨杵爲針

나의 문학, 나의 스승

나를 길러주신 나의 모든 스승님들이 오래오래 세월을 이기며 큰 그늘로 계셔주길 빈다.

* 이 글은 1995년 문학 월간지에 실린 글이다.

스승에 대해 말할라치면 먼저 부끄러움이 앞선다. 초등학교에서부터 대학을 거쳐 지금의 나를 있게 해주신 많은 스승님들. 그 중 어느 한 분인들 내가 생각을 키우고 가꾸는데 귀한 밑거름이 되지 않았겠는가. 더구나 아이들을 가르치며 살고 있는 나는 지난 시절 나의 스승들만큼 내 제자들에게 열정적이지도 또 헌신적이지도 못하다는 자괴감에 얼굴이 붉어질 때가 많다. 게

다가 시인이란 이름을 붙이고 스승에 대해 말하는 것은 고통에 가깝다.

돌이켜보면 내가 보낸 60~70년대의 학창시절은 고난의 연속이었다. 중학교부터 선발 시험을 치러야 했으니 숫제 진학을 포기하지 않는 한은 지금의 아이들보다 공부 부담이 더하면 더했지 덜하지 않았다. 더구나 가난한 농촌에서 태어난 나로서는 충분한 독서의 여건도 갖추지 못했으며 중학교에 진학하는 것만으로도 무슨 벼슬길에나 오르는 양 여기던 시절이었으니 그때에 예술이니 문학이니 하는 말은 차라리 사치에 가까운 생각이었다.

그러나 타고난 감수성과 병약함은 자연스럽게 나를 문학에 빠져들게 만들었다. 그 중에서도 서울로 유학(?)온 고등학교 때의 국어시간은 내 인생의 방향을 돌려놓는 계기가 되었다. 한 편의 시나 소설을 교과서에서 배우고 나면 그 감동이 너무나 커 책의 여백에 '나의 시' – 사실은 시라기보다는 포에지라고 하는 편이 옳겠지만 – 한 편을 적어두곤 했다. 또 바쁜 학교생활에 쫓겨 실행에 옮기지는 못했지만 꼭 써 보고 싶은 소설의 제목과 개요를 빼곡히 적어두곤 했었다. 말하자면 모작의 습작기를 나는 이때에 거치지 않았나 생각한다. 그리고 그때 마치 교과서의 글들을 자신의 작품인 양 열정적으로 가르쳐 주시던 국어 선생님을 나는 잊지 못한다. 그분들이야말로 내 문학인생에 있어 가장 큰 영향력을 끼친 분들임에는 의문의 여지가 없다.

그 후 나는 대학에서 문학을 전공하고 시를 쓰게 되었다. 그리고 교과서에 실린 문학작품들을 마치 내 작품이라도 되는 것처럼 목청을 높여 가르치는 선생 노릇을 일생의 업으로 가졌으니, 이 또한 인생유전이라 해야 할지 모르겠다.

대학에서 만나 가르침을 받은 은사님들은 그야말로 모든 분들이 소위 우리나라의 국보급 존재였으니, 그 중 어느 한두 분을 꼬집어 큰 가르침을 받았다고 말하기는 어려운 일이다. 김동리, 유주현 선생님을 비롯하여 서정주, 구상, 함동선 선생님이 바로 그분들이신데 70년대 우리 문학도들이 대학시절 내내 온몸으로 그분들의 문학적 향기를 맡으며 지낼 수 있었던 것은 크나큰 행운이었다.

그 중에서 나의 문학과 인생에 큰 가르침과 지침을 주

신 분을 굳이 꼽는다면 구상 선생님을 들 수 있겠다. 그 분은 남이 흉내낼 수 없는 깊은 시세계는 물론이려니와 지행합일의 구도자적인 생활 등 문학 외적인 면에까지 참스승의 본이 되는 어른이었기에 제자들의 존경을 가장 많이 받는 분이었다. 선생님은 학문에도 사상에도 어느 한 쪽에 치우침이 없었으며 사물의 이치에 밝으며 사람을 대할 때 사려깊은 얼굴빛이 참으로 온화한 분이셨다.

학생이던 우리가 방학때 의례적인 편지라도 드리면 반드시 정성스런 답장을 해 주시고 꼭 이름을 기억해 불러주셨다. 본래는 가톨릭 신자이지만 걸레(중광)스님의 예술세계에 대해 자주 말씀해주시는가 하면 화가 이중섭과의 인상깊은 일화도 몇 번이고 되풀이해 얘기해 주셨다. 또 동양학에도 조예가 깊어 유달영 박사가 설립한 성천아카데미에서 강의도 하시고 시낭송 운동과 공초 오상순 선생 등 작고 문인들의 묘지 성역화 작업을 비롯해 당신을 필요로 하는 곳이라면 어디든 가리지 않고 발벗고 나서 힘을 보태는 분이었다. 지금도 대학 시절의 기억 중 하나는, 우리에게 권하는 필독도서 중 「채근담」이 늘 빠지지 않았는데 지금도 집이나 직장 책상머리에 채근담이 꽂혀 있는 이유가 거기에 있다.

나는 언제나 구상 선생님을 떠올릴 때면 학창시절 교과서에서 배운 미국 소설가 너대니얼 호손이 지은 「큰 바위 얼굴」에 나오는 주인공 어니스트가 오버랩되곤 한다. 착하고 성실한 청장년기를 보내고 자신도 모르는 사이에 인품의 향기가 나던 노인. 재벌도, 장군도, 대통령도, 위대한 시인도 따를 수 없었던 인격자 어어니스트. 선생님은 이 세상에서 가장 이상적인 인물로 작가가 그렸던 주인공을 너무나 닮아 있어 사람들은 그를 성자의 반열에 올리고 싶어하는지도 모른다. 그런 까닭에 불혹의 나이가 된 이제도 나는 그분의 가까이에 있기보다는 한층 더 그분이 높고 멀리만 보여 스스로도 안타까울 때가 많다. 나의 문학 또한 그러함은 두말할 필요도 없고.

얼마 전 시낭송회에서 선생님을 뵈었다. 세월의 파도는 어쩔 수 없어 지팡이를 짚은 선생님의 모습이 애처로웠다. 그 얼마 후 나의 새 시집이 나왔기에 그날 찍은 사진과 함께 우편으로 보내드렸더니 어김없이 다음과 같은 답장이 왔다.

시집 감명이오며 또한 사진 보내주어 감사하외다. ……
옥저(玉箸) '나의 별에 이르는 길' 실로 감사하오며 나의 정신적 양식이 되었습니다. 앞으로 더욱 문필에 정채(精彩) 있으시길 바라고 믿사오며 이렇듯 인쇄물로나마 그 인사를 대신하는 바입니다 ……

인쇄한 엽서에 군데군데 자필로 쓴 글에 나는 한동안 가슴이 막혔다. 아랫사람에게 지나치리만치 겸양한 말투에 '감명', '감사'와 같은 말씀이 부드러우나 참으로 매운 채찍임을 누구보다 잘 아는 까닭에.

생각하면 나는 인복이 참으로 많은 것 같다. 헤아릴 수 없을 만큼 숱한 은혜 속에 살아가기 때문이다. 그래서 문학을 포함한 나의 작은 성취가 차마 부끄러울 때가 자주 있다. 하지만 그 부끄러움이 때때로 흐트러지는 내 자세를 바로 잡아주는 힘이 된다는 사실을 안다.

비록 자주 찾아뵙지는 못하지만 나를 길러주신 나의 모든 스승님들이 오래오래 세월을 이기며 큰 그늘로 계셔주길 빈다. 그리고 그분들을 힘삼아 나 또한 남을 가르치고 생각하며 사는 하루하루의 생활이 나의 문학에 거짓없이 용해되어 나타나길 바래본다.

고집불통 문체와 걸음걸이

문체는 그 사람의 말투요, 걸음걸이며 호흡이다.
그런 것들이 만들어 내는 하나의 이미지이며
또한 개인적인 향기이기도 하다

자료노트를 정리하다가 잊고 지냈던 지난날의 글 한 편을 만났다. 옛친구를 만난 듯 어찌나 반갑던지 손을 놓고 앉아 단숨에 그것을 다 읽었다. 1980년대 초 어느 화장품 회사 사보에 실린 것으로 보아 대학을 졸업한 직후인 20대 중반에 청탁을 받고 쓴 글로 기억한다. 그 후 새로운 천년을 맞았고 다시 십 년의 세월이 흘렀다. 개인적으로나 시대적으로나 그야말로 격변의

30년. 어쩌면 퇴색된 종이보다 더한 상전벽해를 느끼는 것이 당연할 지도 모른다.

그런데 분명 내 손으로 쓴 옛글을 읽어내려가며 한 가지 이상한 일이 있었다. 되새김질해 보는 추억의 장면은 어제인 듯 생생하지만 많이 변해있을 줄 알았던 문체가 지금 내가 쓰고 있는 글과 너무나 똑같지 않은가. 이렇게 변하지 않는 고집불통 문체라니. 한편은 안도하고 한편은 실망스러운 이 미묘한 심리를 글쓰는 사람은 이해하리라 믿는다. 그동안 내 딴에는 끊임없이 글을 써 왔기 때문에 내심 눈에 띄는 성장이나 변화를 기대해 왔는데 어쩌면 쓰는 말이나 문장이 그때와 지금이 이렇게도 변함이 없단 말인가.

글을 다 읽고 나서 나는 문체에 대해 곰곰이 생각해 보았다. 글쓰기를 가르칠 때 흔히 말하는 글의 3요소로 주제와 문체, 구성을 설명한다. 그런데 주제와 구성은 쉽게 예를 들며 구체적으로 설명할 수 있지만 문체를 말할 때는 무엇인가 구름잡는 느낌으로 얼버무린 경우가 한두 번이 아니다. 그러나 이제 문체가 무엇인지에 대한 선명한 비유가 떠올랐다.

그렇다. 문체는 그 사람의 말투요, 걸음걸이며 호흡이다. 그런 것들이 만들어 내는 하나의 이미지이며 또한 개인적인 체취이기도 하다. 그래서 문체는 일생을 통해 좀처럼 변하기 힘든 그 사람의 정체성일지 모른다. 단호하거나 느릿느릿하거나 날카롭거나 부드러운 말투에서 어떤 사람을 떠올리는 것처럼, 걸어가는 뒷모습이나 옷차림새, 예민하게는 숨소리를 듣고도 그가 누구인지를 알아채는 것처럼 문체는 글을 쓴 사람의 전부라 해도 지나친 말이 아닐 것이다.

그런데도 불미하게 타고난 천성을 어느새 잊은 채 연륜만 믿고 감히 진선미에 한 발짝씩 가까워지고 있으리라는 기대를 하고 살았으니 얼마나 한심한 일인가. 삼십 년 전에 쓴 문장이 지금 내가 쓰는 글과 별로 다르지 않음은 그래서 다행이며 또한 실망인 것이다.

오늘은 젊은 날의 글을 다시 읽어 보며 이제는 곁에 없는 어머니와 함께 늙어가는 누이를 추억해 보는 것으로 식어가는 가슴이나 데워볼까 한다.

〈여성과 화장〉

출근 시간.

"같이 나가요."

"빨리 나오라구, 아니면 나 먼저 갈테야."

오늘 아침도 동생과의 실랑이는 시작된다. '화장은 대강 할 것이지 누가 그리 알뜰히 봐 준다구.' 혼잣말로 투덜대며 발소리를 내 본다.

집에서 버스 정류장까지는 불과 5분 거리. 거기서 동생은 버스를 타고, 나는 걸어서 출근을 한다. 그러니 굳이 함께 집을 나설 필요도 없지만 동생은 매일 아침 같이 집을 나서자고 한다. 하기야 영하 10도를 오르내리는 추운 겨울날 어린 조카들이 현관까지 두 번 씩이나 나와 '삼촌 다녀오세요', '고모 다녀오세요' 하고 따로 인사를 해야하는 번거로움을 피하고, 동네방네 다니시며 우리 애들은 우애가 좋다고 자랑하시는 어머니를 생각하면 남매가 집을 나서 행길까지 가는 것도 해로울 건 없을 성 싶기도 하다. 그래서 매일 아침 이렇게 기다림의 곤욕(?)을 치르는 것이다.

아직도 동생은 거울 앞에 앉아서 신나게 얼굴에 무엇인가를 바르고 두들기고 하느라 정신이 없다.

"다녀 오겠습니다. 나 간다아~" 동생 방을 향해 짐짓 목청을 뽑고는 신발을 신고 투닥투닥 발소리를 낸다. 조카애들 둘이 쪼르르 따라 나와 "다녀오세요" 하고 합창을 한다. 그제사 동생은 손가방을 휘두르며 방을 뛰쳐나온다.

출근길 골목은 종종걸음의 사람들로 언제나 부산하다. 흡사 어릴 때 본 증기기관차처럼 모두가 훅훅 하얀 입김을 내뿜으며 발걸음을 재촉한다. 동생은 뛰다시피 하며 겨우겨우 나와의 거리를 유지한다. 그때야 비로소 나는 힐끗 동생의 옆모습을 본다. 그리곤 깜짝 놀라는 것이다. 이거야말로 '경이적인 모멘트'가 아니고 무엇이랴? 눈비빈 아침의 부스스한 얼굴이나 식탁에서 대하던 모습 - 어느새 스물일곱의 조금은 걱정스런 나이로 변해버린 얼굴 - 이 아닌 밝고 화사한, 그래서 정말이지 낯설어진 모습으로 지금 내 곁에 걸어가고 있지 않은가 말이다.

그것은 분명 하나의 커다란 변화임에 틀림이 없다.

변화가 반드시 발전이고 성장이랄 수는 없겠지만, 발전과 성장은 분명 위대한 변화라는 논리로 볼 때 그 '경이적인 모멘트' 에서 걱정스런 모습이 아닌 성숙의 아름다움을 엿보고 있는 것이 아닌가.

이렇게 여성의 아름다움은 어찌보면 늦게 찾아온 사랑처럼 스스로의 노력에 의해서 가꾸어지는 것인지도 모른다. 그 아름다움이 화장이나 액세서리에 의해 가식된 것이어야 한다는 얘기는 본시 아니다. 무엇보다 중요한 것은 우리 내면의 고고하고 수준높은 교양에서 우러나오는 체취, 그것이어야 한다. 거기에 더 바람이 있다면 약간의 인공이 가해진 외양의 아름다움일 것이다. 그렇게만 된다면 금상첨화가 아닐까?

신이 창조한 걸작 중의 걸작이 우리 인간이고 그 중에서도 여성이란 말을 들은 적이 있다. 그러한 대 걸작이 뭐 아쉬운 게 있어서 인공의 미를 창출해 내야 하느냐고 반문할 수도 있을 것이다. 그러나 화무십일홍(花無十日紅). 우리의 젊음처럼 아름다움 역시 영원성이 없다. 그것 또한 신에 의한 조화가 아닌가 한다. 이제 우리의 운명이나 젊음을 신에게만 맡기고 살기에는 억울한 시대가 오고 말았다. 살아 숨쉬는 한 우리는 스스로의 아름다움을 지키며 보호하지 않으면 안 된다.

여성들은 어떠한 시기가 오면 누가 시키지 않아도 화장을 하고 몸을 꾸민다. 그 또한 신의 섭리만큼이나 자연스럽고 당연한 일로 생각된다. 물론 아직 앳된 여학생들이 눈에 띄게 화장을 하고 몸을 가꾸는 모습은 눈살을 찌푸리게 한다. 반면에 나이 먹은 노인들의 그러한 모습도 우리에게 역겨움을 느끼게 한다. 그렇듯이 전혀 손대지 않은, 그래서 오히려 초췌해 보이는 중년 여인의 모습에서는 이상하게도 생의 비애 같은 걸 느낄 때도 있다. 그래서 나는 적당한 시기에 하는 여성의 화장이나 꾸밈을 신의 섭리니 뭐니 하는 거창한 말에 빗대어 본 것이다.

미의 개념조차 제대로 정의하지 못하는 주제에, 또 아이들이 2차 함수에 대한 문제만 물어와도 더럭 겁이 나는 내가 감히 '여성과 화장', 그리고 미의 고차 함수 관계에 대해 말하는 것은 순전히 개인적 직관에 의한 느낌일지도 모른다.

그러나 어쨌든 지금 내 곁을 동동대며 따라오는 동생

의 옆모습에서 성숙한 여인의 아름다움을 보고 있는 것이다. 그런데도 나는 한 번도 동생에게 아름다움의 찬사를 보낸 적이 없지 않은가.

어느새 발길은 정류장에 이르고 있다. 버스가 도착하고 동생은 내게 인사를 하고 차에 오른다. 차창으로 비치는 동생의 모습이 멀리 시야에서 사라질 때까지 누군가를 기다리는 사람처럼 우두커니 서 있어본다. 그리고 다짐한다.

내일은 꼭 말을 해 줘야지.

'이 겨울엔 네 모습이 무척이나 아름답다' 고 …….

* 1982년 R화장품 12월호 사보 게재 글

세월이 가도 생각나는 사람

'첫사랑의 기억이 없는 사람은

이후에 마땅히 부를 노래가 없을지 모른다.'

단풍들고 낙엽 지는 가을이 오면 첫사랑의 추억처럼 마음속에 떠오르는 시인이 있다. 그가 바로 '한 잔의 술을 마시고 목마를 타고 떠난 숙녀를 이야기' 하던 박인환 시인이다. 날로 스산해져가는 계절의 끄트머리에 설 때마다 보헤미안 기질을 가진 이 고독한 시인을 꼭 닮고 싶었던 젊은 날의 열정이 몸살처럼 되살아나곤 한다. 1970년대 그의 시집 『목마와 숙녀』가 발행되었을 때 대학가는 단숨에 시적 낭만이 가득한 공간으로 변했던 기억이 새롭다. 특히 우리 같은 가난한 문학도들이 드나들던 허름한 술집에서는 어김없이 누군가에 의해 『목마와 숙녀』가 낭송된 뒤에야 한 순배 술잔이 돌곤 했다.

한 잔의 술을 마시고
우리는 버지니아 울프의 생애와
목마를 타고 떠난 숙녀의 옷자락을 이야기 한다
목마는 주인을 버리고 그저 방울소리만 울리며 가을 속
으로 떠났다.
〈중략〉
인생은 외롭지도 않고
그저 잡지의 표지처럼 통속하거늘
한탄할 그 무엇이 무서워서 우리는 떠나는 것일까
목마는 하늘에 있고
방울소리는 귓전에 철렁거리는데
가을바람 소리는
내 쓰러진 술병 속에서 목메어 우는데-

1950년대의 대표적 모더니스트요 로멘티스트인 박인환 시인은 1926년 강원도 인제(麟蹄)에서 태어나 11

살까지 자랐고 일제와 6.25를 거쳐 가난의 터널이 이어지던 1956년 30세를 일기로 서울에서 짧은 생을 마감했다. 그가 세상을 떠나기 전 해인 1955년 그의 작품이 망라된 첫시집 『박인환시선집』을 발간했는데 거기에 실린 「목마와 숙녀」는 그의 대표작으로 꼽힌다. 1976년에는 시집 『목마와 숙녀』가 간행되어 큰 반향을 불러왔다.

그가 남긴 주옥같은 시는 노래가 되고 낭송시가 되어 지금도 올드 팬들의 가슴을 울리고 있는데, 그 중에서도 「목마와 숙녀」와 「세월이 가면」은 가수 박인희의 애잔하고 호소력 있는 음성에 실려 다시 한 번 아련한 추억을 가슴에 묻고 사는 많은 사람들의 심금을 울렸다. 특히 명시 「세월이 가면」에는 애절한 사연이 담겨 있어 독자들의 마음을 더욱 아리게 한다.

지금 그 사람 이름은 잊었지만
그 눈동자 입술은
내 가슴에 있네
내 서늘한 가슴에 있네

– 「세월이 가면」 끝부분

도시풍의 감상주의와 보헤미안 기질이 짙게 풍기는 이 시를 박인환은 예술인들이 드나들던 명동의 술집 '은성'에서 썼다고 한다. 그가 세상을 떠나기 일주일 전 어느 봄날, 그가 즐겨 다니던 그 집에서 외상 술값 독촉의 댓가로 썼다는 일화가 전해지는데 즉석에서 이진섭이 작곡하고 가수 현인, 또는 테너 임만섭이 처음 불렀다고 전해지는 이 노래는 시인의 작고라는 놀라움과 슬픔까지 얹혀져 일시에 명동엘레지로 이름지어져 널리 퍼져 나갔다. 그런가 하면 이 시에는 또 다른 일화도 있으니, 시를 쓰기 전날 박인환은 10여 년이나 방치해 두었던 첫사랑이 묻혀있는 망우리 묘지를 다녀왔다고 한다. 생의 마지막을 직감한 듯 젊은 날의 사랑을 찾아 메마른 입술로 무슨 말을 전했던 것일까? 그리고 그는 '세월이 가면'을 써내려 갔다.

그렇다. 첫사랑의 기억이 없는 사람은 이후에 마땅히 부를 노래가 없을지 모른다.

언제나 가난한 주머니 속에 시를 쓰기 위한 메모쪽지를 넣고 다녔다는 박인환은 만 서른이 된 꽃피던 어느 봄날, 갑작스런 심장마비로 세상을 떠나 첫사랑이 잠들어 있는 망우리 공동묘지 기슭에 묻혔다. '세월이 가면' 일부가 음각된 소박한 시비 하나가 없다면 그냥 지나치기 쉬운 공동묘역의 나지막한 봉분 속에 '목마를 탄 사랑의 사람' 이 누워있는 것이다.

술을 좋아하던 시인이 급서하자 그의 벗들은 무덤 속에 그때만 해도 귀하기 짝이 없던 양주 한 병을 부장품 삼았으며 6개월이 흐른 추석 무렵에 무덤가에 조촐한 시비(詩碑)를 세워 표지 삼았다고 한다. 지금은 그 시비마저 세월의 무게를 못이겨 글씨마저 희미해져 세월의 흐름을 실감케 한다.

해마다 가을이 되면 낙엽이 떨어져 바람에 날리는 길을 걸으며 혼자 나지막히 읊조려 보는 것은 어떨까. '지금 그 사람 이름은 잊었지만 그 눈동자 입술은 내 가슴에 있네' 라고.

닮고 싶은 미덕美德

– 다시 오바마를 생각하다 –

술 한잔이라도 같이 마시고 싶은 사람,

밥 한끼라도 기분 좋게 같이 먹고 싶은

친근한 이웃으로 산다면 얼마나 행복할까

중국의 고전 대학(大學)에서도 비중있게 다루는 덕(德)을 어떤 이는 글자의 조합을 풀어 열네 가지 좋은 점을 한 마음으로 실천하는 것이라 설명하기도 한다.

우리는 사람이 지닌 아름다운 품성을 '미덕'이라고 부른다. 흔히 말하는 성인을 비롯해 이제까지 세상에 살다간 사람들 중에 후인들에게 귀감이 될 만한 가르침이나 향기를 남기고 간 이들이 많지만 그런 사람과 동시대를 함께 살아가는 행운을 잡기는 매우 어렵다. 또 그런 행운을 잡았다 해도 현존하는 가치를 알아내고 인정하는 일은 참으로 어렵다.

지금은 권력의 중심에 있어 인기도 다소 시들해지고 언론의 호들갑도 사라졌지만 대통령 후보로 부각될 때의 버락 오바마는 그가 가진 멋진 인간성으로 하여 세계인들의 환호를 받았다. 내가 오바마의 팬이 된 것도 그 즈음이었다. 세속의 연치로 치자면 나보다 10년은 어리고 그때까지만 해도 관심 밖의 낯선 이름이었지만 '이유 있는' 그의 인기에 나도 모르게 서서히 빠져들고 말았던 것이다.

그렇다면 그의 미덕은 무엇일까? 몇 해 전 잡기장을 열어 메모를 확인해 본다.

오바마, 그는 우선 느낌이 좋은 사람이다. 사람을 만나 정을 나누는데 직관의 작용인 느낌만큼 중요한 것은 없다. 누구나 타인에게 느낌이 좋은 사람이 되기를 바라지만 그것만큼 어려운 일이 또 있을까? 느낌은 바로 그 사람의 총체성의 자연스러운 발로이기 때문이다. 인기에 이유가 있었던 것처럼 오바마가 주는 좋은 느낌에도 분명한 이유가 있다. 그것은 바로 그가 서민적이고 합리적이며 공정하고 이념에 치우치지 않을 뿐더러 언제나 선의적이어서 싸움을 초월한다는 것이다. 40대 중반이니 세월의 연륜은 다소 부족할지 모르지만 일관된 삶의 태도가 '좋은 느낌' 으로 나타나 미국인들은 물론 지구촌 사람들의 마음을 흔들어 놓았던 것이다.

내 메모장에 기록된 그에 대한 찬사는 감탄사와 함께 여러 차례 이어져 있다.

그는 언제 어디서나 겸손하며 언행의 일치로 주변 사람들에게 믿음을 심어 준다는 것이다. 뿐만 아니라 상대방을 배려하는 사려 깊고 진솔한 언변에 자수성가의 꿋꿋함까지 갖추었으니 사람이 갖추어야 할 미덕을 거의 망라한 것이 아닐까 생각한다.

혼혈아로 태어나 재가한 어머니를 따라 인도네시아에서도 살았으며, 외가에서 자라는 동안 정체성에 대한 혼란과 방황의 청소년기를 거쳤지만 꿈을 향해 뚜벅뚜

벅 걸어간 그의 발소리가 무겁게 다가온다.

메모 말미에 어느 일간지 기자의 말을 인용해 참고 사항이라고 표시해 놓은 글귀가 웃음을 자아낸다.

– '훤칠한 키에 잘 생긴 얼굴, 가슴근육까지 훌륭하다' – 타고난 약점을 강점으로 만들기 위해 독서와 명상, 봉사활동 등 그가 쏟은 수련의 과정은 수도자를 떠올리게 한다. 그래서 드디어 그는 대중들로부터 '그냥 좋다', '괜히 마음에 끌린다'는 좋은 느낌의 정치인이 되었고 드디어 미국 역사상 최초의 흑인 대통령이 되었던 것이다.

그렇다. 인간적인 매력이 없는 사람은 그만큼 삶이 팍팍할 수밖에 없다. 딱히 지도자는 아닐지라도 술 한잔이라도 같이 마시고 싶은 사람, 밥 한끼라도 기분 좋게 같이 먹고 싶은 친근한 이웃으로 살 수 있다면 얼마나 행복할까.

지금도 인터넷 검색창에 오바마를 치면 '오바마처럼 말하라', '오바마처럼 꿈에 미쳐라', '오바마는 귀가 아닌 가슴을 향해 말한다' 등 참으로 솔깃한 검색어들이 떠 있어 두고두고 그를 닮고 싶은 마음을 들게 해 나를 돌아보곤 한다. 그러나 한 가지 내가 결코 닮아갈 수 없는 것은 그가 가진 '훤칠한 키에 잘 생긴 얼굴, 가슴근육까지 훌륭하다' 는 참고사항이어서 한숨이 나온다.

시인과 이행인異行人

"세상 곳곳에 빈 수레 소리 요란하고, 사람에 실망하고
사람으로 하여 상처받으며 사는 나날 속에
낮은 곳에서 등불을 밝히고 사는 두 노인……"

따사로운 초가을의 햇살 아래 두 노인이 나무 의자에 앉아 얘기를 나누고 있다. 70대와 80대의 노인은 오랜 지기처럼 보이지만 실은 첫 만남의 시간을 가지는 중이다. 아니다. 바람이 전해주는 소문을 통해 서로의 미덕에 공감하며 알고 지낸 역사가 십수년이 되었다니 딱히 초면이라고 할 수도 없다.

한 사람은 시인이고 수 년 연상의 또 한 사람은 이곳

산촌에 사는 농부이다. 두 사람은 몸을 가까이 하고 앉아 나직한 음성으로 얘기를 주고받는다. 가끔씩 입가에 미소를 띠기도 하고 고개를 끄덕여 상대방의 말에 동의를 표하는 모습이 산속 배경과 어울려 더없이 아늑하고 평화로운 분위기를 자아낸다. 만약 산등성이 어디쯤에 바위라도 하나 보인다면 너대니얼 호손의 소설 「큰바위 얼굴」에 나오는 시인과 주인공 어니스트가 만나는 한 장면과 너무나 흡사하다고 생각되었다. 이름하여 시인과 어니스트…….

두 사람의 대화를 방해하지 않기 위해 살그머니 다가가 카메라 셔터를 누른다. 나는 이들의 귀한 만남의 증인이 되기 위해 9월의 일요일 하루를 비워 차를 내었고 두 노인 부부와 우리 부부까지 합쳐 세 쌍의 부부가 경기도 이천시 마장면 오천리 얼음박골 초입에 있는 '도산의 집' 에 모였던 것이다.

시인은 서울에서 산다. 교육 전문직과 교장을 지냈고 5권의 시집을 펴냈다. 그의 시는 명상과 체험 속에서 우러나오는 시이기에 잔잔하지만 울림이 크다. 그의 종교는 가톨릭인데 실은 '어머니 신앙' 이라고 하는 쪽이 더 어울릴지 모른다. 자식들을 다 출가시키고 연리지처럼 서로를 의지해 살아가는 노부부는 마당 있는 집을 떠나 지금은 아파트로 이사해 산다. 그러나 관악산이 바라보이는 그의 집 베란다는 여전히 온갖 꽃들로 가득하고 방 하나는 어머니 몫으로 꾸며 놓았다. 어머니는 오래전 세상을 떠났지만 시인은 하루도 어머니를 잊고 사는 날이 없다. 그 방에는 어머니의 사진과 생전에 종요롭게 쓰던 소박한 소품들이 보물처럼 모셔져 있는데 꿰매 쓰던 조롱박 하나가 특히 눈길을 끈다. 일찍이 남편을 잃고 여러 남매를 키워낸 어머니의 체취가 보는 사람의 마음을 움직이게 한다. 그 앞에서 시인이 매일 어머니를 부르며 기도하며 사는 생활은 수도자의 모습과 닮아 있다. 아름답고 순수하지만 지극히 개인적인 사생활이기에 이 사실을 아는 사람은 거의 없다. 아파트 공터 한 평 땅에 별꽃을 심고 꽃씨와 화초를 이웃에 나눠주며 사는 시인. 특히 목화에 대한 사랑이 지극해 화분에라도 심어 가꾸어야 생기가 솟는 '나의 사랑 목화꽃'의 시인, 그가 바로 심재홍 시인이다.

한편, 우리의 현대사만큼이나 질풍노도의 세월을 살다 40대에 들어 도산 안창호 선생의 사상에 깊이 빠져 인생 후반부 전체를 도산 사상 전파에 힘을 쏟으며 사는 또 한 분의 노인. 염소를 키우기 위해 머리를 깎고 들어왔다는 이천시 마장면 얼음박골 골짜기에 터전을 잡고 농사를 지으며 지행일치, 무실역행의 삶을 실천해 오고 있다. 스스로를 무학의 촌부라고 자세를 낮추는 그는 오랜 명상과 효행을 바탕으로 하는 철학적인 생활

탓인지 몸은 가을 풀잎처럼 가벼워 보였지만 안광은 유리알처럼 맑아 보였고 필체 또한 꼿꼿하고 빈틈없이 반듯한 것이 그의 내면을 보는 듯하다. 자신의 집 입구에 세워놓은 현판들에는 명상과 체험에서 우러나온 금언들이 적혀 있는데 그 중에서도 '머리를 숙이면 부딪히는 곳이 없다' 라는 명구가 눈길을 끈다. 그밖에도 '일하지 않으면 먹지도 말라' '남을 이롭게 하는 일이 나를 이롭게 하는 일이다' 등 그가 만들어낸 경구들은 하나같이 쉬운 가운데 울림이 크다. 맹자에 나오는 언근지원(言近旨遠), 말은 쉽지만 뜻은 원대하다라는 말이 썩 잘 어울린다는 생각이 든다. 노인은 한마디 더 붙인다. "착한 행동을 하되 그 안에 내가 없어야 해요." 무슨 일이든 말은 쉽지만 실천은 참으로 어려운데 그 행동에 어떤 목적이나 사심도 없어야 한다니…….

이 또한 '오른 손이 하는 일을 왼손이 모르게 하라' 는 성경 구절을 연상시키지만 노인이 하는 말에는 알 수 없는 힘이 묻어 있었다.

그 또한 가톨릭 신자라고 하는데 인간이 갖추어야 할 가장 중요한 덕목으로 효를 꼽는 것은 오늘 만난 시인과도 한 치 오차가 없다. 그것은 두 사람을 단단히 엮어주는 끈이기도 하다. 노인은 말한다. 하느님이 높은 계단이라면 부모에게 행하는 효는 첫 번째 계단이라고. 첫 계단을 밟지 않고 어떻게 높은 곳에 오를 수 있겠는가.

장학회를 만들고 봉사를 하며 산속에 묻혀 사는 80대의 노인은 자신이 지은 호처럼 분명 이행인(異行人)임이 분명하였다. 그렇다고 남의 눈에 벗어나는 특별한 행동이나 기이한 삶을 사는 것은 아니었다. 역시 맹자에 나오는 수약시박(守約施博), 삶은 평범하고 행동은 단순하지만 감동은 크고 넓다는 가르침은 바로 이 분을 두고 하는 말이 아닐까. 도산 안창호 선생도 분명 맹자를 읽었을 터. 언근지약 수약시박(言近旨遠 守約施博) 이렇게 하나의 구절이 노인의 언행에서 완성되고 있음을 보았다.

호박이며 고추며 자신이 지은 농사를 등산로 입구에 가져다 놓으며 '필요한 만큼만 가져가세요' 라고 써놓고 사는 우리 시대에 보기 드문 이행인. 무공해 고추와 파를 한아름 담아 차에 실어주며 손을 흔드는 노인. 작은 등불 하나가 주위를 밝히고 그 소문이 바람결에 퍼져나가 오늘의 만남이 있게 한 소설 속 어니스트를 꼭 닮은 그의 이름은 이진환 선생이다.

세상 곳곳에 빈 수레 소리가 요란하고, 사람에게 실망하고 사람으로 하여 상처 받으며 사는 나날 속에 낮은 곳에서 등불을 밝히고 사는 두 노인의 상봉을 지켜본 것은 커다란 행운이었다. 그래서 올 가을은 그 어느 해보다 더 넉넉하고 따사로울 것 같은 예감이 든다.

3부

사도의 길

아이들아, 고장 난 나의 악기야

늙어서도 지음(知音)을 만나

녹슬지 않은 연주로 끝내 그를 울게 한

저 비파행(琵琶行)의 퇴기(退妓)처럼

다시 한 번 온몸으로 연주하고 싶다

너희들 가슴에 마지막 한 줄기

뜨거운 눈물로 기억되고 싶다

악기야, 고장 난 나의 악기야

– 고장 난 악기 중에서–

제자와 스승

스승이 없는 세상은 희망이 없다.
그러나 스승이 없다고 한탄만 하는 사람에게도
내일은 없을 것이다.

중국 선종의 2대 조사인 양나라 때의 혜가(慧可)라는 고승은 일찍이 달마대사를 찾아가 춥고 눈 내리는 긴 겨울밤을 문밖에서 인내로 견디며 제자가 되기를 간청했다. 하지만 쉽게 허락이 떨어지지 않자 자신의 한쪽 팔을 자르는 결연한 의지를 보인 끝에 그 문하에 들어가 도를 얻었다고 한다. 우리나라에서도 조선시대 이름난 학자들의 집에는 배움을 구하는 사람들로 언제나 문전성시를 이루었다고 하니 말로만 교육위기를 외치는 오늘의 우리들에게 참스승의 가치와 배움의 자세를 새삼 되새기게 해 주는 교훈이 아닐 수 없다.

공교육과 평준화가 일반화된 이 시대에 스승을 찾아 학교를 선택한다는 것은 상상조차 안 가는 일이지만 지금의 내가 있게 해 준 모교를 떠올릴 때면 사랑과 정성으로 가르침을 주신 은사님들 생각에 느꺼움이 더해진다.

학창시절 나는 영재나 수재와는 애당초 거리가 멀어 여러 선생님들께 가르치는 즐거움을 드리지 못한 것은 물론 어느 한 분야에 타고난 재주마저 없었다. 그런 까닭에 빛나는 상을 받아 학교의 이름 한번 빛낸 적 없으며, 이제껏 살아오는 동안에도 감사의 인사조차 제대로 올리지 못했다. 그런대도 보잘 것 없고 주변머리 없는 제자를 늘 잊지 않고 기억하며 한결같은 마음으로 걱정해 주신 은혜는 고금 어느 큰스승의 가르침과 사랑에 견주어도 모자람이 없을 것 같다.

그 고마운 분들이 이제 더는 세월의 무게를 이기지

못하고 한 분 두 분 세상을 떠나셨다는 소식이 들려올 때면 가슴 한 쪽이 무너져 내리는 허전함을 감내키 어렵다.

특히나 대학에서 만나 가르침을 받은 구상 큰스승에 대한 기억은 남다른 부분이어서 그분이 떠나신 뒤 어느 일간지에 실린 글에 나는 "내 공부인생에서 가장 큰 행운은 구상 선생님을 만난 것이요, 가장 큰 실패는 선생님을 닮지 못한 것이다"라고 고백한 바 있다. 지식을 전달하며 밥벌이를 하는 선생은 많고 많지만 훌륭한 인품을 갖추어 배우는 자로 하여금 인생의 목표가 되고 진정으로 닮고 싶게 하는 스승은 점점 귀해진다는 말을 흔히 듣는다. 그런 면에서 직업교사가 된 지 서른 해가 더 지나도록 그저 일반 명사가 되어버린 선생으로 하루하루 살아가는 내 자신이 부끄럽기 짝이 없다.

스승이 없는 세상은 희망이 없다. 그러나 스승이 없다고 한탄만 하는 사람에게도 내일은 없을 것이다. 누구나 꿈꾸는 성숙한 삶을 살기 위해서는 모름지기 지난날 가르침을 주신 스승의 음성을 기억하며 살아야 한다. 지금의 내가 제자나 후배들에게, 혹은 가장 가까이서 지켜보는 가족들에게 어느 한 면이라도 닮고 싶은 사람으로 살아가고 있는지 아프게 자문해 본다.

부족하기 짝이 없는 나를 통해 인생을 배우고, 지금의 내 모습을 통해 모교를 기억할 아이들을 떠올리며 오늘도 수업을 앞두고 거울 앞에 서서 표정이나마 선하게 다듬어 본다.

師弟同行

나무를 잘 기르는 사람

따뜻한 배려와 사랑은 보약이 되지만
지나친 관심과 걱정은 자칫 뿌리를 썩게 할 수 있습니다

옛날 중국에 나무 잘 기르기로 소문난 사람이 있었습니다.

나무를 심어 기르는 일로 생계를 이어가는 그의 이름은 곽타타(郭橐駝)인데 등이 낙타모양을 한 곱추였기에 그리 불렀다고 합니다. 그의 나무 기르는 실력은 탁월해서 장안의 세도가와 부자들을 비롯해 정원을 가꾸려는 사람이나 과실을 파는 사람까지 한결같이 곽타타에게 나무를 키우고 돌보게 하고싶어 했습니다.

한 번은 어떤 이가 곽타타에게 나무 잘 기르는 비결을 물었습니다. 그런데 그의 대답이 또한 일품입니다.

"제가 나무를 오래 살고 잘 자라게 하는 것이 아닙니다. 다만 나무의 천성을 잘 따라 그 본성을 다하게 할 뿐입니다. 대체로 그 뿌리는 뻗어가고자 하며, 그 북돋움은 고르기를 바라며, 그 흙은 본래의 것이기를 바라고, 그 다짐에는 빈틈이 없기를 바랍니다. 한 번 심고 나면 다시 건드리거나 염려하지 말며 떠나가서 다시 돌아보지 않아야 합니다."

당나라 시인 유종원(柳宗元)이 지은 「종수곽타타전」에 나오는 이야기로 『고문진보』에 실려 있습니다.

그렇습니다. 진리는 언제나 평범함 속에 있습니다. 나무의 성질도 잘 모른 채 아무데나 좋다는 땅에 심는 것도 어리석은 일인데 스스로 뿌리를 내리기도 전에 조바심을 내 아침저녁으로 와서 자꾸 흔들어대니 어린 나무가 어떻게 뿌리를 내릴 수가 있겠습니까? 게다가 목이 마르지도 않은데 시도 때도 없이 물을 퍼부어 주고 거름을 덮어주니 그 뿌리가 썩는 것은 너무나 당연한 결과일 것입니다.

다시 곽타타의 말을 빌면, "사람들은 그것을 사랑함에 지나치게 은혜롭고, 그것을 걱정함에 지나치게 부지런합니다. 아침에 보고 저녁에 어루만지며 심지어 그 껍질을 긁어서 생사를 시험해 보고 근간을 흔들어대니, 이는 사랑한다고 하는 일이 곧 해치는 일이 되며 걱정하는 일이 사실은 원수가 되는 것이지요."

그런데 이 고사가 어찌 나무 기르는 일에만 해당하겠습니까? 내 아이를 기르는 일 역시 이와 조금도 다르지 않습니다. 맹모삼천의 자세도 이 나무 기르는 사람의 지혜를 따르지 못합니다. 꼭 부자 동네가 아니더라도 좋습니다. 되도록 교육환경이 좋은 곳에 터를 잡고 아이를 기르는 일은 교육의 기초가 됩니다. 그러나 살아가는 일로 사는 곳 결정이 어렵다면 최소한 집안에서라도 화목하고 공부하는 분위기를 만들어 주는 것이 부모의 도리입니다.

남이 한다고 무조건 이 학원 저 학원을 다람쥐 쳇바퀴 돌리듯 돌게 하는 것도 아이를 혹사시키는 이외에 아무것도 아닙니다. 아이의 재능과 특성을 일찍이 파악하고 그것을 살려주는 일이 무엇보다 중요합니다. 또한 그 과정에 있어서도 조바심을 내어 감시하고 말을 참지 못하며 심하게 잔소리를 하는 것은 어린 나무의 뿌리를 자꾸 흔드는 것과 같습니다.

자녀에 대한 따뜻한 배려와 사랑은 보약이 되지만 지나친 관심과 걱정은 자칫 뿌리를 썩게 할 수 있습니다. 뿌리가 약한 나무는 결코 번성할 수 없다는 사실은 참으로 평범하고도 쉬운 진리입니다.

"뿌리 깊은 나무는 바람에 흔들리지 않습니다. 그 나무에는 꽃이 많이 피고 열매가 주렁주렁 달립니다."

'용비어천가' 제 2장에 나오는 내용입니다.

<추신>

곽타타의 뒷얘기를 궁금해 하는 사람이 많습니다. 곽타타를 불러 그의 재능을 물은 사람은 아마도 관청의 우두머리였나 봅니다. 하여 그가 제안하기를 "그대의 도를 관청의 일을 다루는 것으로 옮겨보면 어떻겠소?" 하고 제안했습니다. 그때 곽타타는 대답합니다. "나는 나

무 심는 것만을 알 뿐이지 다스리는 것은 나의 본업이 아닙니다." 그야말로 제 분수를 아는 겸손한 프로가 아닐런지요. 몇 마디 아는 척한 저 역시 30년 넘게 아이들을 가르친 일 외에 잘 하는 것이 아무것도 없는 외눈박이 백면서생이랍니다.

손수 타서 나누는 커피의 향기

입맛에 맞게 '내'가 타 마시는 커피 한 잔,
생각만 해도 향기롭고 여유있지 않은가.

커피 심부름을 시킨 문제로 말썽이 생겨 어느 초등학교 교장이 스스로 목숨을 끊는 불행한 사건은 우리 모두에게 지울 수 없는 상처를 남겼다. 더구나 이 일은 어느 한 학교에 국한된 문제가 아니라 오늘날 우리 학교 현장이 겪는 공통된 모습이어서 충격이 더욱 컸다.

물론 이 사건의 원인이 알려진 대로 '커피 한 잔'만은 아닐 것이다. 그러나 어쨌든 문제의 '커피 한 잔'이 사건의 단초였다면 커피 문화에 대한 재고가 필요한 시점이 아닌가 한다. 아직도 내 주변에는 직장에서 어른에게 대접하는 커피 한 잔이 무어 그리 대수냐고 목청을 높이는 사람이 적지 않은 것도 사실이다. 그러나 차를 타야 하는 당사자가 부담스러워 하고, 그 때문에 불만과 갈등이 생긴다면 그동안 미덕으로 여겨오던 '타 주는 커피' 나 '권하는 술잔' 의 문화는 버려야 할 유산임에 틀림없다. 그래서 이런 바람을 가져 본다.

'교장실에는 언제나 보글보글 물 끓이는 소리가 난다. 탁자 위에는 몇 가지 차가 마련되어 있어 바쁜 수업 중 짬을 내 기안을 해온 교사가 교장실을 노크하면 교장 선생님은 차 한 잔을 권한다. 각자의 취향에 맞는 차를 스스로 타 함께 마시며 서로의 노고를 위로하고 교육에 대해 진지하게 논의를 한다. 가끔 학교를 찾아오는 장학사나 손님들에게도 같은 방식으로 차를 나누지만 그 누구도 교장의 권위 없음을 탓하지 않는다.'

하루아침에 생각이 달라지기는 어렵겠지만, 어른들이 먼저 예절에 대한 고정된 사고를 바꾸어 젊은이들에게 따뜻한 마음으로 손을 내밀 필요가 있다고 본다. 그

책임을 서로 상대방에게 미루며 날카롭게 대립각을 세우는 일은 우리 교육의 미래는 물론, 당장의 상처를 치유하는 데에도 전혀 도움이 되지 않는다.

구성원 모두가 머리를 맞대고 학교를 대립과 투쟁의 장이 아닌 화합을 실천하고 희망을 가르치는 배움의 터전으로 다시 가꾸어 나가야 한다. 그 길만이 죽은 자와 산 자를 함께 어루만지는 하나뿐인 길이다.

교육자들은 모름지기 처음 교단에 서던 초심으로 돌아가 조금씩 목소리를 낮추고 자신을 돌아보며 모든 논의의 초점을 가르치는 일 그 자체에 맞춰 나가야 할 것이다. 아침에 출근하여 하루의 일을 설계하며 내 입맛에 맞게 '내' 가 타 마시는 커피 한 잔, 생각만 해도 향기롭고 여유있지 않은가.

아버지의 이해

천금같은 소를 잡아 거짓말한 자식을 위해 잔치를 벌이던 그 '아버지'가 새삼 그리워진다.

몇 다리 건너서 들은 이야기이다.

나중에 어느 대학의 총장이 된 그 분은 산골 태생이었다. 어려서부터 재주가 있다는 것을 안 그의 부모는 제대로 된 공부를 시킬 요량으로 큰맘 먹고 아들을 대처에 있는 이름있는 중학교로 유학(?)을 보냈다. 그러나 예나 지금이나 공부가 어디 그리 호락호락한 일이던가. 게다가 농사일과 부모를 떠나 나는 새처럼 자유로워진

아들은 한동안 마음껏 놀며 지냈다. 자취방에는 놀기 좋아하는 아이들이 몰려들었고 도시의 볼거리와 놀이에 빠져 시험을 어떻게 치렀는지도 몰랐다.

드디어 첫 시험 성적표가 나왔다. 볼 것도 없이 전교 꼴등. 다행히 도시에는 잉크 지우는 약품이 있어 아들은 점수와 석차 란을 깨끗이 지우고 꼴등을 1등으로 고친 뒤 아버지께 보여드렸다. 통지표에 점수와 석차를 선생님들이 잉크로 또박또박 적어 보내던 시절이었기에 가능한 일이었다.

여름 방학이 되어 아들이 고향 집으로 돌아오자 아버지는 소를 잡아 동네잔치를 벌였다. 아들이 전교 1등을 한 축하파티였던 것이다. 소가 살림의 반이라고 하던 가난하던 시절, 그 귀한 소를 잡아 자신의 학업 성취를 기뻐하는 아버지를 보고 아들이 받았을 충격은 가히 짐작이 가고도 남는다.

그 뒤 학교로 돌아온 아들은 그야말로 머리를 싸매고 공부를 해 오늘에 이르렀다는 것이다. 후일담이지만 당시 그의 아버지는 이미 아들의 성적을 짐작하고 있었다고 한다. 벽촌에서 남보다 좀 뛰어나다고는 하지만 이름난 도시 학교에서 전교 1등을 할 정도는 아니라는 사실을 누구보다 잘 알고 있었던 것이다. 뿐만 아니라 놀이에 빠진 아들을 육감으론들 감지하지 못할 부모가 어디 있겠는가. 그러나 아버지는 그 뻔한 사실을 어린 아들에게 확인하거나 캐려하기는커녕 아들을 믿어주며 소를 잡아 잔치를 열어주었던 것이다.

그렇다. 아무리 이상적인 교육이론이나 최신식 교육시설인들 그 아버지를 앞지를 수 있겠는가. 교육은 끝없는 믿음과 인내와 희망에 있다고 본다. 자녀 교육에 있어서는 더 말할 나위도 없다. 일일이 간섭하고 맞서며 조급한 마음을 가지고서는 성장에 도움을 줄 수 없을 뿐 아니라 자칫 부작용을 일으켜 인간관계까지 망가뜨리기 십상이다. 더러는 알고도 속아주는 지혜도 필요하며 심한 파도가 일 때는 물결이 잔잔해질 때까지 침묵으로 인내할 줄도 알아야 한다. 언제나 자신의 눈높이에 맞추려 하고 하나하나의 결과에 일희일비하며 변화를 조장하려는 태도는 버려야 한다.

일찍이 공자님께서도 '내 자식은 내가 가르칠 수 없

다' 고 자식 교육의 어려움을 토로하였거니와 특히 심리적으로 불안한 청소년기를 맞은 자녀에게는 감정의 기복을 잘 이해하고 감싸주며 감동을 줄 수 있는 따뜻한 격려의 말을 찾는데 더 많은 시간을 보낼 필요가 있다.

교사 또한 아이들을 대함에 있어 이와 다르지 않다. 관심과 칭찬은 아끼지 않되 지나친 간섭을 피하며, 잘못에 대해 수사관처럼 끝까지 파고드는 자세는 지양해야 한다. 학생들의 무례나 거짓말에 속이 상하더라도 따끔한 지적 후에는 되도록 빨리 머리에서 지우고 다른 화제로 대하는 것이 바람직하다고 본다.

선입견 없이 학생들을 바라보며 칭찬의 실마리를 찾고 희망을 가르쳐 주어야 한다. 이는 지식을 가르쳐주는 것 못지않게 좋은 사람의 모델이 되어주고, 인상 깊은 스승으로 남는 길이기도 하다.

교육에 있어서 방치나 무관심이 하품(下品)이라면 관심과 간섭은 중품(中品)에 해당한다. 상품(上品)은 당연히 믿음과 칭찬이며 끝없는 인내와 따뜻한 이해이다.

가정교육의 부재와 함께 부자간의 정마저 박절해져

가는 오늘날, 성적표를 고친 아들을 믿고 심기일전을 기대하며 천금같은 소를 잡아 잔치를 벌이던 그 '아버지' 가 새삼 그리워진다.

'선생하기'의 어려움

존경받는 스승은 커녕 선생 노릇하기도
참으로 어려운 시절이다.

한국교육신문에 실린 〈이규태 코너〉 '제자되기의 어려움'을 고개 끄덕이며 여러 번 읽었다.

자신의 한 쪽 팔을 자르면서까지 달마대사에게 제자가 될 것을 간청하여 도(道)를 얻은 혜가(慧可)의 고사는 세상에 널리 알려졌거니와 조선시대 김굉필, 서화담 등 이름난 스승의 집들 또한 배움을 구하는 사람들로 발디딜 틈이 없었다는 이야기는 스승과 제자의 관계를 새삼 생각케 한다.

스승이 해박한 지식과 함께 언행일치(言行一致)하는 덕성을 갖추어야 하듯이 제자 또한 하심(下心)을 가지고 진정으로 스승을 존경하고 따를 때만이 올바른 교육이 이루어진다고 본다. 그런데 우리의 현실은 그 두 가지 모두가 온전치 못할 뿐 아니라 교육제도 또한 갈피를 잡지 못하고 있어 교육의 황폐화를 부채질하고 있는 듯한 느낌이다.

언론 보도에 따르면, 교육부는 앞으로 초등학교의 학급 배정시 교사의 프로필, 반별 특색프로그램 등을 미리 알려 학생과 학부모가 담임을 선택하는 이른바, 학급(담임)선택제를 도입한다고 한다.

매우 창의적인 발상으로 긍정적인 측면도 없지는 않으나 우리의 전통적인 가치관과는 거리가 멀뿐더러 대다수 교사들에게 위화감과 허탈감을, 그리고 학생 학부모들에게는 교사에 대한 불만과 불신을 조장할 우려가 다분히 있다.

스승은커녕 선생 노릇하기도 참으로 어려운 시절이 다가오고 있다.

밝은 거울과 무간지옥無間地獄

"내 공부인생에서 가장 큰 행운은 구상 선생님을 만난 것이다. 그리고 내 공부인생에서 가장 큰 실패는 선생님을 닮지 못한 것이다." – 한국일보 기사 중에서

훌륭한 가르침을 받고도 그 가르침대로 따르지 못하는 것만큼 제자된 사람으로서 죄송스러운 일도 없을 것이다. 그래서 이 글을 쓰는 순간이 또한 커다란 고통이 따르는 시간임을 미리 밝혀두지 않을 수 없다.

솔직히 말해 나는 구상 선생님의 수제자나 애제자 축에는 끼지 못했다. 문학적 성취도 부족했을 뿐더러 사람 됨됨이마저 부실하기 짝이 없어 그저 선생님의 주변을 많이 맴돌았을 뿐이다. 그래도 해마다 새해가 되면 선생님 사모하고 모시는데 정성이 갸륵한 문우 이진훈 형을 앞세워 세배를 갔다. 절 한자리를 넙죽 올리면 그 넉넉한 미소로 덕담을 내리셨는데, 그 귀한 '말씀'과 책 한 권을 얻어 가슴에 안고 돌아오는 뿌듯함이란 겪어본 사람만 알 수 있는 일이다. 그래야만 한 해의 모든 일이 잘 풀릴 것 같았으며 실제로 그 가르침을 나름껏 마음에 새기며 살았기에 오늘의 내가 이만큼이나마 남의 눈총 덜 받으며 밥술이나 먹게 되지 않았나 생각한다.

말씀 얘기가 나와서 말인데 선생님께서 낮은 데시벨로 들려주신 그 말씀들은 하나하나가 반짝이는 보석과도 같은 잠언 그 자체였다. 집에 와서 찾아보면 그 내용들이 선생님의 글 속에 그대로 녹아있어 밑줄을 치고 페이지를 접어가며 읽었던 기억이 새롭다. 신의 거룩한 말씀들을 성직자가 자신의 음성으로 다시 들려주어 사람들 마음을 움직이게 하듯 나 또한 선생님의 말씀과 시들을 강의 재료나 글의 소재로 삼는 경우가 많은데 그때마다 좋은 반응을 얻어 보람을 느끼게 되니 어찌 그 음덕이 새록새록 느껴지지 않겠는가. 그 중 특히 기억나는 것이 밝은 거울과 무간지옥에 대한 이야기이다.

하와이 호놀룰루 市의 동물원에 있다는 커다란 거울, 온갖 사나운 짐승들을 다 구경한 다음 맨 마지막 순서에 있는 빈 동물우리에 설치해 놓은 크고 밝은 거울과 〈가장 사나운 짐승〉이라고 적어놓은 안내 팻말, 누구나 그 거울 앞에 서면 자신의 모습을 보며 찔끔 놀라게 된다는 말씀을 해 주시며 선생님께서는 예의 강의실 유리창 밖 허공을 바라보셨다. – 강의 도중 그 잠시 동안의 침묵은 언제나 우리를 작은 철학자로 이끄는 마술같은 힘이 있었다.– 그때 비로소 우리는 우리 자신이 이 세상에서 가장 사나운 짐승임을 깊이 깨닫게 되었다. 그리고 한참의 세월을 더 산 뒤에야 나는 '밝은 거울' 이란 제목으로 답장을 써 선생님의 명시 〈가장 사나운 짐승〉 아래 붙여 두게 되었다.

구상 큰스승께서 일러주신
하와이 호놀룰루市의 동물원처럼
내가 사는 고층아파트 엘리베이터 안에도
크고 밝은 거울이 양면에 걸려있어
그 안에 사나운 짐승 살고 있다

혼자인 시간에 가만히 들여다보면
눈동자 너머로 번뜩이는 살기와
몰래 숨겨 키우는 음탕의 기미도 보이고
육식성의 비릿한 속살까지 훤히 들여다보인다

그 뿐이 아니다
무시로 쏟아놓은 미움과 원망
헤아릴 수조차 없고
웃음 뒤로 비수처럼 날린 독설들이
온몸에 늘어난 잔주름 같을지니
무간지옥(無間地獄) 떨어질 혀끝의 죄까지 생각하면
사나운 짐승은 문득 가엾은 눈빛을 띠고 마는데,

오늘도 시기와 저주가 만발한 저자거리를 돌아
미리 보는 심판의 밝은 거울 앞에
사나운 짐승 한 마리 서 있다
흐린 눈의 짐승 한 마리 우두커니 서 있다.

선생님께서는 이렇듯 제자들에게 자신을 비춰볼 수 있는 밝은 거울을 선물하시기를 좋아하셨다. 뿐만 아니라 자신에게 먼저 매를 들어 보임으로써 말로 먹고사는 우리들에게 엄한 경계를 하시기도 했는데 그 말씀이 바로 '무간지옥(無間地獄)' 얘기다. 혀끝으로 죄를 짓는 사람은 죽어서 그 혓바닥이 서 발 하고도 닷 자나 빠지는 고통을 당하는 무간지옥에 떨어지는데, 그 대상이 다름 아닌 당신과 같이 남을 가르치는 선생 칭호를 듣는 사람이나 성직자, 정치가라고 구체적으로 일러주시는 것이었다. 정치하는 사람이야 눈에 보이는 거짓말도 밥먹듯 하고 생전에도 욕을 많이 먹으니 당연하다 치더라도 천당행을 가장 먼저 예약한 것으로 여기며 사는 목사나 선생님들이 무간지옥행 열차에 단골손님이라는데 우리는 얼마나 당황하고 놀랐는지 모른다. 언행일치의 중요성을 선생님께서는 무간지옥을 들어 깨우쳐 주신 것이다.

그런 보물같은 말씀과 일화는 수없이 많아 일일이 예를 들기가 어렵다. 그러함에도 때로는 철이 없어, 더러는 귀가 열리지 않아 흘려듣고 놓친 것이 지금 와서 생각하면 너무나 아쉽고 안타까울 따름이다.

내가 선생님을 처음 만나 가르침을 받은 것은 1976년이었다. 그러니까 지금으로부터 꼭 서른 해 전 일이다. 그때 선생님은 50대 후반의 연세로 이미 지혜가 열리고 인생의 이치를 깨달은 성자의 모습으로 우리 곁에 오셨다. 방학 때면 읽어야 할 책들을 일러주셨는데 권장도서

목록에 〈채근담〉이 늘 앞 순서에 들어있던 기억이 난다. 지금도 내 책상 위에 〈채근담〉과 〈법구경〉이 놓여 있는 것은 아직도 그때의 숙제를 다하지 못한 증거이다.

가파른 역사의 언덕을 온몸으로 넘으시고 생로병사에 따르는 인생의 희비애락을 절절히도 겪으며 사셨지만 언제나 항심(恒心)을 잃지 않던 그 깊고 높은 사유의 세계를 범속한 내가 어찌 어림이나 할 수 있겠는가.

참으로 부끄러운 고백이지만 누구보다 나는 선생님 닮기를 꿈꾸며 살아왔다. 그러나 어정 세월 보내는 동안 어느새 지천명 줄에 들어서게 되었는데도 무엇 하나 제대로 이루어놓은 게 없다. 한 시절 참으로 운좋게 향내 나는 종이에 싸였던 일 말고는 스스로 향기를 내지 못하는 생활이 참으로 안타깝고 선생님께 송구스럽기 그지없다. 날마다 거울 앞에 서는 일이 두려운 까닭도 여기에 있다.

학생들을 데리고 지방에서 연수를 하는 중에 선생님의 부음을 받았다. 강남 성모병원 영안실 별실 구석자리에 앉아 선생님께서 아시면 꾸중이나 들을 부의금 정리를 하고 이튿날 아침 명동 성당에서 김남조 선생의 조시를 들으며 선생님을 전송했다.

그리고 그해 늦봄과 여름, 가을이 다갈 때까지 나는 견딜 수 없는 허증에 시달려야 했다. 자다가도 가끔씩 잠이 깨면 마음 한구석에 빈자리가 크게 느껴져 가슴이 시렸다.

내 공부인생에서 가장 큰 행운은 구상 선생님을 만난 것이다. 그리고 내 공부인생에서 가장 큰 실패는 선생님을 닮지 못한 것이다. 올 정초에는 선생님의 부재로 덕담없이 한 해를 시작했더니 하는 일이 자꾸 뒤엉키고 펜끝도 무거워 글마저 잘 써지지 않는다. 선생님 계실 때는 가리키는 손끝만 바라보면 멋진 풍경이 나타나곤 했는데 이제 혼자 길을 찾아가려니 막막하기 그지없다. 하지만 내 마음 속에 선생님이 살아 계시는 한 실망하거나 포기하지는 않으려 한다. 낮지만 울림이 큰 그 분의 음성과 웃음소리, 그 걸음걸이를 어설프게나마 흉내내며 멀고 먼 뒤를 따라 길을 걷는다.

구상 선생님의 모습을 떠올리며 아직도 사나운 짐승인 내 모습을 밝은 거울에 비춰본다.

가장 사나운 짐승

호놀룰루 시 동물원에 있다는 <가장 사나운 짐승>
동물우리의 크고 밝은 거울 앞에 서 보고 싶다

오늘 교실에 들어가니 여자 아이들이 손거울을 가지고 장난을 치고 있다. 서로 번갈아 거울을 들여다보며 깜짝 놀라는 시늉을 하다가 나에게도 보라고 내민다. 무슨 특별한 거울이라도 되는가 하고 들여다보았더니 '아이 무서워' 하며 깜짝 놀라는 몸짓까지 한다. 그러면서 '가장 무서운 동물'이라고 외친다. 생각해 보니 내가 지난 시간에 멸종 위기에 몰린 호랑이 설명문을

가르칠 때 세상에서 가장 사나운 짐승은 다름 아닌 우리 인간이라는 말을 한 기억이 났다. 가장 사나운 짐승이라는 말이 아이들 입을 통해 가장 무서운 동물로 나타났던 것이다.

그런데 그 말은 애당초 나의 스승이신 시인 구상 선생님의 가르침에서 비롯된 것이다. 대학시절 만나 큰 가르침을 받은 선생님은 풍모부터가 성자 같았다. 느리고 낮은 목소리로 이어가는 시창작 강의는 언제나 진지하다 못해 엄숙하기까지 했다. 선생님께서 창밖을 응시하며 잠시 침묵을 유지하는 동안에 우리 모두는 작은 철학자라도 된 양 그분의 시선을 따라가며 생각에 잠겼다. 그런 강의 중 한 시간의 주제가 바로 당신 시의 제목이기도 한 '가장 사나운 짐승' 이었다.

구상 선생님께서는 교환교수로 잠시 하와이에 머물렀던 적이 있다. 그곳 호놀룰루에는 시에서 운영하는 동물원이 있는데, 온갖 사나운 짐승들을 모아둔 맹수우리를 관람하다 보면 구경이 끝나는 자락에 〈가장 사나운 짐승〉이라는 팻말이 붙어 있는 칸이 있다는 것이다. 기름진 음식을 먹은 뒤 보다 강렬한 맛으로 깔끔한 입맛의 뒷마무리를 원하듯 맹수 관람의 마지막 순서에 그야말로 엄청나게 무서운 동물을 보려는 사람들. 그들은 가장 사나운 짐승이 산다는 빈 우리 곳곳을 살펴보지만 아무것도 보이지 않는다. 보이는 것은 반짝반짝하게 닦아놓은 커다란 거울 뿐……. 그 거울 속에 드러난 자신의 모습을 보고 그제야 사람들은 이 세상에서 가장 사나운 짐승이 바로 자기자신이라는 사실을 깨닫고 흠칫 놀란다는 것이다.

구상 선생님께서는 시창작 수업시간에 그 내용을 쓴 시를 우리에게 소개해 주셨다. 창작기법이 어떻고 표현을 어찌해야 하는지 등 협소한 이야기는 이미 관심권 밖의 일이었던 같다.

그런데 아무리 생각해도 놀랍고 궁금한 일은 누가 과연 동물원 우리에 거울을 달아 놓을 생각을 하였는가 하는 점이었다. 흔히 미국 하면 군사력이 강하고 물질주의의 대표 나라쯤으로 치부하기 쉬운데 깊은 생각을 가진 이가 곳곳에 있어 인간의 정신적 타락을 방지하니 말이다.

그 뒤 나는 이 이야기를 잊지 않고 살았으며 행여 악한 생각이라도 한 뒤끝에는 늘 선생님께서 해 주신 사나운 짐승 이야기를 떠올렸다. 그리고 몇 해 전, 선생님께서 소천하신 후 그때의 답장으로 〈밝은 거울〉이라는 제목의 시집을 내어 날로 강팍해져가는 스스로를 경계하기도 했다. 그러나 여전히 함량 미달의 인품은 어쩔 수가 없어 날마다 후회와 반성을 쌓으며 살아가고 있다.

그래도 오늘은 한 가지 일에 마음이 놓인다. 그것은

다름 아닌 선생님의 말씀을 잘 전파했다는 안도감이다. 아이들 마음은 한 장의 흡수지와도 같다. 그것이 비록 가벼운 놀이로 나타났다 하더라도 내가 한 말을 잊지 않고 가슴으로 받아들였다니 얼마나 다행한 일인가. 지금은 비록 거울 장난에 쓰는 말이지만 저 아이들도 머리가 굵어지고 나면 그 뜻을 진정으로 깨닫게 되는 날이 오리라 믿는다.

언젠가 나는 꼭 한 번 하와이를 가 보려고 한다. 하와이안 기타소리와 하얀 파도가 밀려오는 해변의 낭만도 느껴보고 싶지만 그보다는 호놀룰루 시 동물원에 있다는 〈가장 사나운 짐승〉 동물우리의 크고 밝은 거울 앞에 서 보고 싶다.

오늘도 그 거울을 윤이 나게 닦고 있을 아름다운 이의 손길을 생각하며 하루를 보낸다.

날개

나의 서툰 비상을 도와 준 자극제는 다름 아닌 가난과 병약이었다고 믿는다.

날개는 하늘을 날 수 있는 신체의 일부나 도구로 자유나 성취를 상징하며 사람들에게는 오랜 옛날부터 선망의 대상이 되어 왔다. 날개 중에서도 단연 으뜸은 장자에 나오는 대붕의 날개일 것이다. 통큰 상징으로 쓰인 것이긴 하지만 한 번 나래를 치면 파도가 3천리나 일고, 날개를 저어 회오리바람을 타면 9만 리를 날아간다고 하니 기껏해야 겨드랑이 땀이나 채우며 하루하루를 살아가는 우리네 같은 필부로서야 어디 상상이나 할 수 있는 일이던가.

그래도 사람들은 저마다 날개를 가지고 싶어하며 자신이 가진 날개의 크기를 가늠해 보기를 원한다. 내가 가르치는 학생들도 해마다 학습능력검사를 받는데 지난 시절로 치면 그게 바로 지능 검사이다. 그것은 아이들 개개인이 어떤 날개를 가지고 있으며, 또 얼마나 멀리 날아갈 수 있는지를 가늠해보는 척도이다. 그래서 검사 결과가 나오는 날이면 아이들 못지않게 한 해 담임을 맡은 나 자신도 기대와 궁금증에 얼른 결과지를 확인하게 된다. 그러면서 한편으로는 걱정이 앞서기도 한다. 결과 수치가 높게 나온 아이들이야 기분도 좋고 칭찬을 해 주기도 쉽지만 지능이 낮게 나온 아이들한테는 마땅히 해 줄 격려와 위로의 말이 늘 가난하기 때문이다.

그런데 얼마 전 우연히 라디오를 통해 들은 어느 명사의 특강 중 '날개 이야기' 가 생각나 말거리로 써 보니 재미도 있고 반응도 좋았다. 그분의 강의는 나비와 벌과 닭이 가진 날개에 관한 것이었는데 대강 이러한 내용이었다.

나비는 새들처럼 원래 제 몸통의 몇 배나 되는 날개를 가졌으니 자유롭게 날아다닌다고 치자. 그러나 벌은 경우가 좀 다르다. 벌은 종류만 하더라도 말벌, 땡벌, 호박벌, 꿀벌 등 그 종류가 많고 많은데 어떤 종은 날개가 몸통의 3분의 1도 되지 않아 과학적으로 도저히 날 수 없는 구조를 가지고 있다고 한다. 그러나 그 이상하게 생긴 벌들은 현대인들이 신앙처럼 믿고 받드는 과학이론을 조롱이라도 하듯 이 꽃 저 꽃을 잘도 날아다니며 꿀을 빨며 산다는 것이다. 작고 보잘 것 없는 날개를 가지고도 날 수 있는 원인을 살펴보니 그 꿀벌은 다른 벌보다 비교도 할 수 없을 만큼 잦은 날갯짓을 함으로써 아무런 불편 없이 자신의 몸을 부양한다니 놀라운 일이다.

날 수 없는데도 날 수 있었던 것은 바로 생존을 위한 피나는 자기노력이 있었던 까닭이다. 그러고 보니 나도 어릴 적 시골에 살 때, 몸집에 비해 날개가 유난히 작은 그런 벌을 본 적이 있다. 그때는 무심코 지나쳤는데 그 말을 듣고 난 후 기특한 그 벌을 꼭 한 번 보고싶은 마음이 생겼다.

그런가 하면 닭은 제 몸통보다 더 큰 훌륭한 날개를 가진 조류이다. 수탉이 그 멋진 날개를 펴고 힘차게 날갯짓하는 것을 보면 어떤 새들 못지않게 잘 날 수 있는 조건을 갖추고 있음을 단박에 알 수 있다. 그러나 언제부터인가 인간에게 길들여진 후로는 날기를 포기하고 아예 걸어 다니며 모이를 쪼는 지경에 이르고 말았다. 하여 어떤 이는 닭을 가리켜 '하늘을 잃어버린 새'라고 했던가. 그래도 천성만은 남아 있어 제가 필요할 때는 횃대나 담장 위를 뛰듯이 날아오르기도 한다. 거기다 이웃집 사나운 개라도 덤벼들라치면 지붕 위까지 단숨에 훌쩍 날아오르기도 하는 걸 보면 닭에게도 분명 날 수 있는 능력이 충분한 것만은 분명하다.

생각을 하다가 나는 내가 가진 날개를 생각해 본다. 농촌 오지마을에서 태어난 나는 만 다섯 살이 채 되기 전에 불운하게도 아버지를 여의었다. 가뜩이나 병약하게 태어난 새가 먹이를 물어다 주고 날기 연습을 시켜줄 부모 새 중 한 쪽을 잃는다는 것은 치명적일 수 밖에 없다. 거기다 여러 남매가 먹고 살기엔 턱없이 부족한 농삿거리로 하여 그야말로 입에 풀칠하기도 바빠 미래의 꿈을 꾸는 것은 사치에 가까웠던 세월을 보내야 했다. 무리를 해서 중학교에 입학하고 마치는 동안까지 사정은 조금도 나아지지 않았다. 그러니 중학교에 입학해서 딱 한 번 지능 검사를 해 본 것 외에 내가 어떤 소질이나 재능을 가지고 있는지를 가늠해 볼 기회도 사실은 없었다.

그렇지만 지금 생각해 보면, 나에게도 초라하지만 아주 작은 날개가 있기는 있었던 모양이다. 발붙일 곳 없는 대처로 나와 이만큼이나마 앞가림하며 사는 것은 온갖 희생으로 보살펴 준 가족의 사랑이 든든한 버팀목이 되어 주었지만, 닭을 쫓아 지붕 위까지 훌쩍 날개하는 사나운 개처럼 무엇보다 나의 서툰 비상을 도와 준 자극제는 다름 아닌 가난과 병약이었다고 나는 믿는다. 가난은 부지런함을 가르쳐 주었으며, 타고 난 병약은 겸손을 가르쳐 준 내 인생의 스승인 까닭이다.

워낙 좋은 날개를 타고 태어나 하늘을 자유롭게 나는 새들은 하나도 이상할 게 없다. 그것은 아주 자연스러운 현상이다. 그러나 보잘 것 없는 날개를 가지고서도 남부럽지 않게 날아다니며 꿀을 모으는 꿀벌이나, 멋진 날개를 가지고 있으면서도 일찍이 날기를 포기한 닭의 생태는 아이들에게 훌륭한 이야기거리가 된다.

날개에 대한 강연을 들은 후부터 나는 지능검사 결과가 나오는 날이면 이 '날개' 이야기를 준비해 가지고 교실로 간다. 그날의 종례에는 나도 모르게 힘이 실린다.

"검사 결과가 잘 나왔다고 우쭐할 일도 없으며, 수치가 낮게 나왔다고 하여 기죽을 일도 아니다. 우리들 중에 지렁이처럼 처음부터 아예 날개가 없는 사람은 아무도 없다. 다만 특이한 꿀벌처럼 가진 날개가 아주 작은 경우는 더러 있을 수 있다. 그런 사람은 다른 사람보다 더 많은 노력을 함으로써 타고난 약점을 충분히 극복할 수 있다. 그러나 문제는 닭이다. 훌륭한 날개를 가지고도 날기를 포기하는 것은 참으로 딱한 일이다. 개가 쫓으면 지붕 위까지 훌쩍 날 수 있는 닭의 능력이 있으면서도 말이다. 너희들이 날 수만 있다면 나는 기꺼이 사나운 개가 되어 주겠다. 날개를 보여 다오. 그리고 그 날개를 펼쳐 어디 한번 마음껏 꿈을 향해 날아보아라."

따뜻한 와이로蛙二勞

교감 선생님께 가져다 준 잉어 한 마리,
반세기가 다 되어가는 과거 얘기인데도
내게는 따뜻한 와이로로 기억 속에 남아 있다

요즘은 잘 쓰지 않는 말이지만 일본말 투가 나는 와이로(蛙二勞)라는 말이 유행한 적이 있다. 실제로 일본말 중에도 뇌물이라는 뜻의 같은 말이 있기는 하다. 그러나 그 말의 뿌리가 일본말이 아니라는 것을 설명하기 위해 누군가 다음과 같은 근거를 들어 보이던 기억이 난다.

옛날 어느 산골에서 새들의 노래자랑이 있었는데 부엉이, 꾀꼬리, 따오기가 서로 제가 잘 한다고 자랑하여 백로에게 심판을 받고자 하였다. 백로는 심판이 되어 앞으로 한 달 후에 대회를 열어 심판을 하여 등위를 결정할 터이니 그때까지 각자 노래 연습을 하라고 했다. 자신이 있는 꾀꼬리는 버드나무 가지에 올라 목청을 가다듬고 있었고, 부엉이는 밤에 상수리나무 끝에 앉아 열심히 연습하는데 약간 실력이 없는 따오기는 노래연습은 하고 있지만 자신이 없어 잔머리를 굴렸다. 백로가 좋아하는 것이 무엇인지를 확인해 보니 개구리를 잘 먹는다고 하였다. 따오기는 몰래 개구리 두 마리를 잡아다 백로에게 바치며 대회 하는 날 좀 잘 봐달라고 부탁하였다. 결과는 보나마나 따오기가 장원을 차지하였다.

고려말 익재 이재현의 익재난고(益齋亂稿)에도 이와 비슷한 와이로 이야기가 나오지만 위의 것은 숙종 때 어느 낙방거사에 얽힌 이야기라고 한다. 어쨌든 사람의 가치로 치면 개구리 세 마리가 사소한 것일지 모르지만 부정과 부조리가 판치는 오늘날에도 귀담아 두어야 할 얘기만은 분명하다고 본다.

무슨 생각 끝에 와이로라는 말이 떠올랐는지는 모르되 그 말끝에는 언제나 잉어 한 마리가 늘 내 머릿속에 오버랩되곤 한다. 내가 초등학교에 입학할 때 지금은 고인이 된 외숙께서 교감 선생님께 가져다 준 잉어 한 마리, 반세기도 너 지난 과거 얘기인데 내게는 따뜻한 와이로로 기억 속에 남아 있다.

내가 태어나 자라던 어린 시절은 한국전쟁이 막 끝난 때로 너나 할 것 없이 가난의 늪을 헤매던 1960년대였다. 더구나 우리집은 일찍이 아버지가 돌아가시는 바람에 갓 시집 보낸 누님을 제외한 일곱 식구가 그야말로 입에 풀칠하기도 힘든 상황에 빠지고 말았다. 예나 지금이나 가난은 쉬 나아지기 힘든 일이고 보면 무슨 부탁을 위해 남에게 선물을 주거나 사례를 한다는 것은 상상도 할 수 없는 환경이었다. 그런 가운데 내 기억 속에 '잉어 한 마리'가 생생히 살아 펄쩍거리는 사연은 이러하다.

나는 처음부터 약질로 태어났다. 거기다 백일 무렵 급성폐렴을 앓아 죽을 고비를 넘겼고 그 후에도 잔병치레가 심해 태어난 지 이태가 지난 뒤에야 출생신고를 했다고 한다. 이태라고는 하지만 음력 섣달 하순에 태어났으니 양력으로 치면 그저 1년 반 정도 늦게 호적에 오른 셈이 된다. 그러나 호적이야 어찌 되었든 간에 시골 동네에서는 띠를 같이하는 아이들끼리 동무하며 노는 것이 보통이어서 몇몇 또래 아이들과 어울려 사계절을 신나게 놀며 지냈다.

우리 나이로 여덟 살이 되면 취학통지서가 나온다. 그런데 어울려 놀던 아이들 중 나이가 덜 찼다는 이유로 내 이름만 쏙 빠져있는 것이 아닌가. 시골 동네에서 입학 준비라야 가슴에 달 손수건 한 장이 고작이었지만 그래도 모두들 학교 갈 생각에 들떠 있었다. 그래도 혹시나 하는 마음에 나 또한 어머니와 함께 읍내에 있는 학교 운동장으로 예비소집에 나가 보았지만 끝내 내 이름은 취학자 명단에 없었다. 같이 놀던 동무를 다 잃고 나만 무리에서 동떨어져 외톨이가 될 것 같던 그 절망감과 막막함은 어린 마음에 도저히 받아들일 수가 없었다.

학교에서 돌아온 나는 며칠을 울고 조르며 때를 쓴 것 같다. 한 해 뒤에 입학하면 좋은 점이 많다는 감언이설도 귀에 들어오지 않았다. 울며 보채는 내 성화에 견디지 못한 어머니는 이웃에 사는 외숙에게 방도를 상의했고 외숙은 학교의 교감 선생님을 찾아가게 되었다. 단식 투쟁(?)을 하는 아이의 고집을 꺾을 수 없다는 저간의 사정을 들은 교감 선생님은 진급은 보장할 수 없지만 자리만 마련해 주는 배려를 해 주었다. 요즘 말로 하자면 청강생 내지는 정원 외 배정에 해당하는 혜택을 받게 된 것이다. 내 배움의 입문은 처음부터 그렇게 곡절을 겪었다. 그때 외숙께서 교감 선생님을 찾아갈 때 빈 손으로 가기 뭐해서 '잉어 한 마리' 를 구해서 가져갔다는 얘기를 나는 기억하고 있다.

뒷얘기가 되겠지만 그 후 나는 무사히 1학년을 마쳤고 호적상 한두 살이 어린 채로 고등학교까지를 아무 일 없이 졸업하게 되었다. 다만 오뉴월 하루 빛이 무섭다는 말처럼 내가 동급생에 비해 조금은 어리고 부족한 점이 있었다면 섣달 하고도 하순 생이라는 설운 나이가 작용하지 않았나 생각된다.

얼마 전 어느 신문의 칼럼에서 북한에서는 자녀를 대학에 입학시킬 때 '꿩 세마리' 를 뇌물로 준다는 글을 읽었다. 아무리 먹거리가 귀한 북한이라 하더라도 설마 꿩 세마리가 의무교육도 아닌 대학 입시에 당락을 결정하는 뇌물로 쓰일까 하는 의구심이 일었다.

누군가의 제보나 정보를 가지고 쓴 글이기는 하겠지만 성의 표시인 감사 인사와 범죄 행위에 해당하는 뇌물이란 말은 구별해서 썼으면 좋겠다는 생각이 들었다. 물론 성의 표시의 감사 인사도 지나치면 뇌물이 되며 그 둘을 구별하는 척도가 애매하기는 하다. 사전에도 없는 '떡값' 을 두고 대가성 여부에 따라 뇌물죄 성립의 여부를 따지는 경우도 종종 있으니 말이다.

사람 사이에 물질이 오가는 것에 대해서 두둔할 생각은 추호도 없지만 지금은 감사의 인사조차 허용하지 않는 야박한 시대이다. 빈 말이라도 고마움을 전하는 사람은 적고, 무조건 따지고 들이대는데 이골이 난 사람이 곳곳에 차고 넘친다. 맑고 투명한 세상이 우리가 바라는 성숙한 사회임에는 틀림이 없다. 그러하기로 해마다 스승의 날이 다가올 때면 학부모로부터 받는 음료수조차 돌려보내라는 공문이 오고 '잉어 한 마리'

까지 뇌물로 바라보는 사회가 어쩐지 조금은 목마르고 숨이 막힌다.

즐거운 별명 '얼~룩'

오늘도 복도에서 마주친 아이들이 나에게
'얼룩' 이라고 놀린다.
그러면 나는 짐짓 억울한 표정을 지어 보인다.

올해도 아이들한테 어김없이 별명 하나를 얻었다.

'얼~룩', 듣기에 따라 기분이 나쁠 수도 있지만 나는 웃으며 받아들인다. 얼룩의 사전적 뜻은 이물질이 묻거나 스며서 생긴 자국으로 결코 좋은 뜻으로는 쓰일 수 없는 단어이다. 그러함에도 내가 즐겨 그 별명을 자초하며 사는 이유가 있다.

해마다 학기초가 되면 아이들 심성을 바로 잡아주기

위해 아름다운 시들을 소개해 주는데 그 중 하나가 윤미라 시인이 지은 「그릇을 닦으며」란 시이다. 특히 주제가 들어있는 끝부분인 "어머니 / 내 뒤의 얼룩 / 말해주세요.' 부분에 나는 방점을 찍어 강조한다. 비유로 쓰인 얼룩이라는 시어는 말할 것도 없이 고쳐야 할 점, 자기의 단점이나 허물을 뜻한다. 그릇을 닦으며 '그릇 뒤를 닦는 일이 / 다른 그릇 앞을 닦는 일"이라는 깨달음을 쓴 동시인데 이 시를 감상한 뒤부터 수업 중에 지적할 행동이 보일라치면 나는 잔소리 대신에 '얼룩'이라고 말해준다. 그러면 딴짓을 하던 아이도 그 말을 재미있게 따라하며 얼른 자세를 가다듬곤 한다. '얼룩'의 효과가 드러나기 시작하는 것이다.

요즘 아이들은 정말 가르치기가 힘들다고 교실마다 아우성이다. 아이들이 말을 잘 안 듣고 제멋대로인 것은 어느 시대 교육에서나 나오던 푸념이었음을 안다. 그렇지만 모두가 왕자이고 공주님인 아이들, 거기다 곳곳에서 가정이 무너지는 오늘날의 학교는 그 도가 극에 달한 것이 사실이다. 특히나 중학생들 중에는 지나치게 사납고 폭력적이어서 말이 전혀 통하지 않는 막무가내

인 아이가 더러 있어 그야말로 통제불능에 빠지는 경우도 생긴다. 몇 해 전에도 그런 아이 하나를 가르쳤는데 모든 선생님들이 지도는커녕 아예 접근 자체를 꺼리며 손을 놓을 지경이었다. 그런데 그 아이마저도 한동안 '얼룩' 이라는 말에 긍정적으로 반응을 하는 것을 보며 나는 말의 힘, 시의 힘을 다시 한 번 느꼈다.

말에는 이렇게 사람의 마음을 움직이는 힘이 있다. 더구나 잘 정제되어 울림이 큰 문학적 언어일 때는 더 말할 필요도 없다. '얼룩' 을 시작으로 하는 나의 문학수업은 소설 〈소나기〉에 이르러 또 하나의 유행어를 만든다. 한 편의 서정시를 보는 듯한 이 소설에서는 소녀가 자신의 마음을 몰라주는 소년에게 개울가에서 조약돌을 던지며 하는 말 '이 바보!' 의 의미를 곱씹으며 반복한다. '이 바보!' 얼마나 따뜻하고 함축적인 말인가. 지금은 하늘나라 별이 된 김수환 추기경님도 스스로를 '바보' 라고 불렀던 생각이 난다.

또 있다. 미국 소설가 폴 빌라드의 단편 〈이해의 선물〉에 가서는 돈을 모르는 어린아이가 혼자 사탕을 사러 갔을 때 돈 대신 쓰려고 은박지에 싸 정성껏 준비해 온

버찌씨가 적은 줄 알고 하는 말, '모자라나요?' 를 연기하듯 반복해 아이들 머릿속에 깊이 남게 한다. 이렇게 저속한 말이 아닌 문학적 언어의 확산을 통해 아이들의 감성을 자극해 가며 문학 수업을 이끄는 재미가 얼마나 쏠쏠한지 모른다.

그러고 보니 아이들이 즐겨 쓰는 '얼룩' 이나 '바보', '모자라나요?' 라는 말에는 공통점이 있다. 외형 그대로 어딘가 부족하거나 모자란 구석이 있다는 말인데 모두가 똑똑하고 제 잘났다고 떠벌리며 사는 세상에 조금은 비어있고 허술한 면을 나타내는 말들이어서 더 큰 공감을 불러오는지 모르겠다.

오늘도 복도에서 마주친 아이들이 나에게 '얼룩' 이라고 놀린다. 옆에 있는 녀석은 '덜룩' 이라고 운을 맞추어 소리친다. 그러면 나는 짐짓 억울한 표정을 지어 보인다. 아이들은 그런 내 모습이 마냥 재미있다는 듯 깔깔대며 '얼~룩' 을 합창한다.

여기저기서 얼룩 공세를 받지만 나는 나만이 아는 작은 행복감에 촉촉히 젖는다.

세상에서 가장 아름다운 상장

'선생님은 1년 동안 학생들에게 멋진 시를 소개해 주고 재미있는 방식으로 즐겁게 가르쳐 주셨기에 이 상장을 드립니다.'

내가 어릴 적 가끔 친척집을 방문해 보면 집집마다 약속이나 한 듯 안방 벽에 장식처럼 걸려 눈길을 끄는 게 있었다. 그것은 다름 아닌 그 집 아이들이 학교에서 타온 상장을 액자에 넣어 전시물인 양 걸어 둔 것이었다. 방에 들어오는 사람은 누구나 제일 먼저 상장의 내용과 개수에 관심을 가지고 바라보게 된다. 외딴 시골인 까닭에 분교장이나 면장님이 주는 상 정도가 대부

분이었지만 시상 기관이나 등급 따위는 그다지 주목거리가 아니었다. 다만 그것이 무엇을 잘했다고 주는 상인가 하는, 상의 성격과 상장의 수가 얼마나 많은가 하는 것이 화젯거리였다. 상장을 타오면 액자를 따로 사거나 맞추어 집안에 걸어두는 풍습을 누가 먼저 생각해 낸 것인지는 모르겠다. 하지만 이런 행위는 상을 탄 아이에게 칭찬과 격려의 지속적인 환기로 인하여 용기와 보람을 가지게 하므로 좋은 발상이었다고 생각한다. 또한 어른들에게는 이보다 더 큰 자랑이 있을 수 없었으며 보는 사람으로 하여금 그 집안의 장래를 미리 짐작해 보게 하는 잣대가 되기도 하였다.

돌이켜보면 그 시절에는 지금처럼 이런저런 상이 그리 흔하지도 않았거니와 일 년이 지나고 난 뒤에 보면 학교나 그저 열심히 다닌 결과로 개근상장 하나 정도를 겨우 손에 쥐는 나로서는 그 빛나는(?) 우등상장이나 우수상 등의 상장 전시는 부러움의 대상이었으며 한편으로는 내 열등감의 원인이 되기도 했다.

요즘에 와서는 이런저런 상이 많아지기도 했을 뿐더러 촌스럽게 벽에 상장을 걸어 놓는 집들은 거의 없어졌다. 그래도 상을 주는 사람이나 받는 사람 모두에게 큰 기쁨을 안겨다 주는 것은 예나 지금이나 다름이 없다.

아이들을 가르치는 나도 학생들에게 상장을 전달할 때가 어느 때보다 기분이 좋다. 학교생활에서는 교과목상을 비롯해 특기상 · 모범상 등 각종 교내 대회 수상과 대외 행사에 따른 시상이 줄을 이어 마음먹고 행사에 참여하는 아이들은 일 년이면 20회 이상의 수상을 하는 아이들도 있다. 그것들은 이제 모두 파일 노트라는 편리한 공간에 저장되는데 상을 탄 사람에게는 어쩌면 일생을 두고 소중히 보관되는 보물일지도 모른다.

인간이 창안해 낸 행동의 변화를 위한 자극제 중 으뜸이 바로 칭찬과 상이 아닐까 한다. 상에 대한 대척점에 벌(罰)이란 것도 있어 이 또한 행동의 변화를 자극하므로 신상필벌(信賞必罰)이란 말이 있지만 전자가 긍정적이고 상향성 자극제라면 후자는 부정적이고 하향성 자극제라 할 수 있다.

그래서인가 상 받는 일을 두고 흔히 다다익선이라고들 한다. 많이 받을수록 빛나고 좋은 일이란 뜻이다. 이를 대변하듯 신문을 펼치면 인물 동정란에 일년 내내 이런저런 수상 소식이 끊이지 않고, 특히 연말이면 봇물을 이룬다.

그 모든 상들이 수상자 결정 과정이 공정하고 값진 것인지는 알 수 없지만 모든 사람이 상 앞에서 행복해하고 더러는 지나치리만큼 그것에 집착하는 것을 보면 상이 분명 좋기는 좋은 모양이다.

많고 많은 상 중에서도 세계에서 가장 권위 있는 상은 단연 노벨상이다. 노벨상은 엄격한 심사로도 유명하며 해마다 10월이면 전 세계적인 이목이 스웨덴의 왕립과학아카데미로 쏠린다. 그러나 그런 상에서조차 가끔은 공정성 시비가 일어 뒷맛을 개운치 않게 할 때도 있다.

얼마 전 발표된 버락 오바마 미국 대통령에 대한 노벨평화상 선정은 말들이 많았다. 미국 역사 최초의 흑인 대통령으로 당선되긴 했으나 취임 1년도 안 된 현재 진행형 인물에게 가당치 않다는 이야기도 있었고, 한편에서는 상이란 앞으로 더 잘하라는 격려의 뜻도 담긴 것이라며 수상자를 옹호하기도 했다.

양쪽 모두 상의 본래 성격을 바르게 알고 하는 일리 있는 주장이어서 고개가 끄덕여진다. 하지만 세계적인 인물들이 상 받는 일로 세계적인 화제를 뿌릴 때면 속절없는 범인들도 자신을 한번 돌아보게 된다.

먹고사는 일에 더 열중했던 나의 어린 시절은 초라하기 짝이 없어, 집안 벽에 걸어두고 자랑할 만한 상장 한 장 제대로 타보지 못했다. 그러나 머리가 굵어지고 어른이 된 뒤에는 운 좋게도 내 이름자가 들어간 이런저런 상을 더러 받기도 하였다.

그러나 그동안 내가 받은 상 중에서 가장 가치 있는 상을 꼽으라면 그것은 다름 아닌 아이들에게서 받은 한

장의 상장이다. 몇 해 전 한 해를 마감하는 수업 시간에 내가 일 년 동안 국어를 가르친 반 아이들이 만들어 준 이면지를 이용한 상장인데 그 내용은 이러하였다.

"선생님은 1년 동안 학생들에게 멋진 시를 소개해 주고 재미있는 방식으로 즐겁게 가르쳐 주셨기에 이 상장을 수여합니다."

날짜와 함께 직인을 대신하여 붉은 글씨로 학급을 적어 놓은 솜씨가 제법이어서 여느 상장과 다름이 없었다. 상은 그런 것이다. 비록 화려하거나 거창하지 않더라도 가장 가까운 사람들로부터 사랑받고 인정받는 사람이야말로 세상에서 가장 행복한 사람이 아닐까 한다. 내가 아이들로부터 받은 소박한 상장 하나를 마음에 담고 사는 까닭도 여기에 있다.

"꽃은 바람 앞에 서 있지 않아도 멀리까지 향기를 풍기는 법이다. 이리저리 상을 찾아다녀서는 안 된다. 상이 자신을 찾아오도록 해야 한다."

어느 노스승의 말이 생각나는 연말이다.

4부

사랑의 길

울지 않고 갈 수 있을까

외롭지 않고 갈 수가 있을까

바람 부는 벌판을 지나

험하고 가파른 산 고개 넘어

발 시린 겨울 강 맨발로 건너

가도 가도 끝이 없는

아득한 그 길을

울지 않고는 닿을 수 없으리

외롭지 않고는 닿을 수 없으리

울어서 울어서 밝아지는 길

외로워서 눈부시게 아름다운 길

캐나다의 향기

"나는 지금 열심히 모으며 상상 여행을 하는 중이다.
~ 오늘도 어디선가 캐나다의 향기가
바람결에 실려와 코끝을 간질인다."

바람결에 실려오는 먼 나라 캐나다의 향기를 맡으며 그곳을 그리워하게 된 지도 여러 해가 흘렀다. 땅이 넓고 다양한 민족이 섞여 살면서도 크고 작은 사건으로 국제 뉴스에 자주 오르내리지 않는 평화로움이 있는 나라. 덩치가 크다고 하여 으스대는 일 없고, 함부로 남의 전쟁에 끼어들거나 참견하지 않으면서도 나름의 책임을 다하여 손가락질 받는 일이 없는 나라. 거기에 더해 우리나라 7차 교육과정 중학교 3학년 국어교과서에 실린 '일레인 이야기'를 감명있게 읽고 가르치며 나는 어느새 캐나다의 향기에 깊이 빠져들고 말았다.

이제는 널리 알려졌지만 '일레인 이야기'는 캐나다에 이민 가서 토론토 대학 동양학부에서 한국어문학을 강의하는 김영곤 교수가, 우리나라에서 입양해 간 일곱 살 어린 아들 에릭을 키우며 양아들에게 뿌리찾기를 해주기 위해 한국어를 배우는 영국계 어머니 일레인과의 소중한 인연을 감동적으로 쓴 수필이다. 1995년 캐나다 한국일보에 처음 실린 아름다운 글이 그 향기가 널리 퍼져 우리 교과서에까지 소개된 것이다. 그 글의 끝머리에 필자는 자신이 일레인에게 가르쳐 준 것보다 배운 것이 더 많았다고 적은 것처럼, 그야말로 교학상장(敎學相長)의 미덕이 잘 드러나 읽는 이의 가슴을 덥혀 주고 있기도 하거니와 한 사람의 이야기가 그 나라에 대한 이미지를 만들어 간다는 사실에 놀라움을 느끼기도 했다.

내가 캐나다를 좋아하는 이유는 또 있다. 오랜 세월 학교에서 아이들을 가르치며 우리교육의 여러 굴곡 -

이를테면 수치로 발표하는 국민소득 증가와는 반비례하여 피폐와 갈등구조가 날로 심해져 가는 우리나라 교육현실 – 에 비해 캐나다 그곳은 바로 '아이들의 천국'이라는 말에 귀가 솔깃해져서였다. 자라나는 아이들 심성이 하나같이 곱고 한 인격체로서 충분히 존중받는 나라, '아이들이 행복한 나라'가 진정 살기 좋은 나라가 아닐까 생각해 본다. 아이들의 천국이란 말을 들은 뒤부터 나는 캐나다를 여행하거나 오래 머물다 온 사람을 만나면 그곳 풍속을 기자처럼 캐묻는 버릇이 생겼다.

아는 바와 같이 풍속(風俗)은 다른 말로 하면 교습(敎習)과 통한다. 가르치고 배우는 과정을 통해 하나의 가치를 소중히 간직하며 면면히 이어간다는 뜻이다. 가르침의 주체는 어른이며 배우는 대상은 아이들이다. 그 아이들이 자라 부모가 되면 다시 자신의 아이에게 전해주는 미풍양속, 나는 캐나다의 그것들을 소상히 알아보고 싶은 것이다. 그래서 여기에 소개하는 토막 이야기는 그동안 내가 채집한 캐나다 아이들의 이야기들이다.

캐나다에 이민 간 어느 집안의 초등학교 아이가 겪은

일이다. – 이런 경험은 외국에 나가 사는 우리나라 아이들이 흔히 겪는 일이라고 한다. – 머리카락과 눈동자가 까만 동양 아이가 이상하게 보였던지 옆자리 아이가 묻더란다. 미안하지만 이런 걸 물어봐도 되냐면서 아주 조심스럽게 "너는 혹시 사물이 흑백으로 보이지 않니?"라고. 처음에는 무척 당황했지만 물음의 뜻을 얼른 알아차린 아이는 재치있게도 "너희는 그럼 모든 것이 파랗게 보이니?"하고 되물었다는 것이다. 그랬더니 모두가 박장대소하며 서로의 다름을 인정하고 가까운 친구가 되었다는 것이다. 그곳 아이들의 순수함과 우정이, 자기와 다르다는 이유로 무작정 놀리거나 한 걸음 더해 따돌림을 주고 괴롭히는 우리 현실과 비교되어 부러움이 일었던 기억이 난다.

캐나다 학교에도 간혹 백혈병을 앓는 아이가 있다고 한다. 그럴 때면 고통을 받는 학우를 위해 모금운동을 하는데 다름 아닌 '삭발식 행사'란다. 그냥 모금함을 돌리는 것이 아니라 언제 어디서 삭발식을 한다고 미리 알리며 친구들을 초대하는데 구경하는 입장료로 1인당 2~3달러를 받는다. 그렇게 하여 잘라낸 자신의 머리카

락과 모금한 성금을 병상의 친구에게 전한다고 한다. 삭발을 한 아이는 삭발 기념 징표로 색깔 있는 고무줄을 하나 팔목에 차게 되는데 이것이 학생들 사이에 가장 자랑스러운 팔찌 역할을 한다는 것이다. 멋내기를 좋아하는 여학생의 경우 결코 쉽지 않은 결단인데도 이런 행사를 하는 것은 진정으로 남의 고통을 함께하고 마음으로 돕고자 하는 가상한 풍경이 아닐 수 없다.

그 뿐이 아니다. 기부 문화가 일상화된 캐나다에서는 큰 가게 앞에 개동상이 하나씩 서 있는 것을 볼 수 있는데 이것은 맹인 돕기 자선모금함이란다. 한 번 기부를 할 때마다 기부증서를 발급하며 기부증서가 많이 걸린 가게에 사람이 많이 몰린단다. 그리고 가게에서 받은 거스름돈은 다시 이 개동상 모금함에 기부를 하는 순환이 이어진다.

부모들의 자녀에 대한 관심과 사랑도 남달라 아이를 임신하고 난 뒤 유아 때까지의 기록을 담아 마당 한 켠에 유리병 타임캡슐을 만들어 묻어둔다고 한다. 거기에는 아이에 대한 바람과 육아의 자취가 고스란히 담긴다. 또 아이가 커가는 과정에서도 아이에게 엄청난 시련이 닥쳐 큰 사랑이 필요했을 경우, 그 사연을 세세히 기록해서 넣었다가 그 아이가 결혼을 할 때 선물로 준다는 것이다. 그리면 자신이 가족으로부터 얼마나 큰 사랑과 기대를 받고 자랐는지를 생생한 기록으로 돌아보며 부모에 대한 감사의 마음을 가질 것이다. 배우자 또한 상대방이 얼마나 소중한 존재인가를 확인하고 오래오래 서로를 아끼며 살아가게 될 것만 같다. 툭 하면 초심을 잃고 변심하거나 쉽게 물질의 노예가 되는 우리네 세태와 견주어 볼 때 부럽기 짝이 없는 풍속이다.

그 외에도 관심을 끄는 것은 아이들을 위한 갖가지 이벤트들인데 '나만의 인형 만들기'와 '이빨 목걸이' 만들어 주기 등이다. 아이들이 친구삼기 좋아하는 인형 하면 흔히 백화점이나 시장에서 사는 그럴듯한 인형을 연상하지만 캐나다 어린이들의 인형은 자신이 만든 '꿈 인형'이라고 한다. 이것은 만드는 시기가 따로 있으며 제작 과정부터가 색다르다. 인형을 만드는 날에는 친구들과 함께 자신의 꿈을 생각하며 오래 기도를 한 후 기도 내용을 적은 글을 인형의 가슴에 넣고 꿰매 직접 완성을 한다. 그런 후 인형의 옷을 잘 골라 입히고 소중히 다루는데, 친구 집에 가서 하룻밤 잠을 자는 '파자마 데이' 때나 학교에서 매일 30분 정도 낮잠을 자는 시간에도 이 나만의 인형을 꼭 끌어안고 잠을 청한다는 것이다.

또 예닐곱 살이 되어 이를 갈게 되면 뽑은 이를 잘 처리해 모아서 목걸이를 만들어 주고, 그런 후에는 종이에 꼭꼭 싸서 아이의 베개에 넣어준다고 한다. 그러면 요정이 와서 헌 이를 가져가고 새 이를 준다고 믿는다는데 지붕 위나 아궁이에 던지며 '헌 이 줄게 새 이 다오' 라고 가르치던 우리네 풍속과 닮은 점도 있지만 어릴 때부터 육신의 소중함을 가르치는 교육적 의미가 참으로 크다고 본다.

그 밖에도 각양각색의 옷을 차려 입고 참여하는 축제인 '할로인데이' 나 '아빠의 날' 같은 행사가 이어진다. 자연 속에서 야외활동을 즐기며 동물과 함께 살아가는 그네들의 삶, 단순한 것 같지만 생각하는 체험활동 중심으로 이어지는 재미있고 부담 없는 날마다의 학교생활, 좋은 꿈을 꾸기 위해 집안이나 자동차 또는 머리맡에 걸어 두는 드림캐쳐의 풍습 등 흥미로우면서도 삶의 지혜가 들어 있는 캐나다의 편린들을 나는 지금 열심히 모으며 상상 여행을 하는 중이다.

여러 민속이 모여 살아 '민족 전시장', 또는 '인종의 모자이크'로 불리며 어린이들의 천국 뿐 아니라 노인들의 천국, 여자들의 천국인 나라. 친절하지만 답답할 정도로 서두르지 않으며 차를 고치거나 페인트칠을 하는 등 집안의 어지간한 일들은 손수 하는 사람들. 아이스하키와 농구를 좋아하고 예약 문화가 발달한 나라. 18세 이상이면 자녀들은 부모를 떠나 독립생활을 하며 성인이 되어서도 부모의 도움을 받는 것을 부끄럽게 여긴다는 나라 …….

나는 아직 캐나다에 대해 알고 싶고 궁금한 것들이 너무 많다. 그런 뜻에서 이 글은 많은 정보를 모아 보충을 해야 하는 영원히 미완성의 글이 될지도 모른다.

오래 전부터 나는 이렇게 캐나다의 향기 맡기를 좋아하며 캐나다 여행의 꿈을 키워가고 있다. 스무 해 넘게 인도의 꿈을 키우다 몇 해 전 딸 아이 둘 손을 잡고 인도를 다녀왔던 것처럼 지금 내가 가꾸는 캐나다 여행

꿈도 머지않아 꼭 이루어지리라 믿는다. 그 꿈이 이루어질 때 여건이 주어진다면 나는 한 6개월 쯤 캐나다에 머물며 아름다운 사람을 많이 만나보고 무엇보다 '아이들의 천국'을 온몸으로 확인하고 싶다. 그곳의 향기를 속속들이 묻혀와 나머지 내 삶의 밑거름으로 삼았으면 좋겠다.

오늘도 어디선가 캐나다의 향기가 바람결에 실려와 코끝을 간질인다.

드림 캐쳐

꿈을 다스려 보려고 침대 머리맡에 걸어두고 잠들어 본다.
그래도 여전히 꿈은 많고 어지럽다.

얼마 전 캐나다에 머물다 온 문우로부터 선물 하나를 받았다.

꼭 농구 바스켓 모양으로 생긴, 지름이 3센티미터쯤 되는 동그라미 안은 나일론 실로 된 꽃잎문양을 이루었다. 아래쪽은 무구(巫具)처럼 다섯 개의 조그만 구슬이 달린 네 개의 끈, 그리고 어딘가에 매달 수 있는 고리가 달려 있다. 이름하여 드림 캐쳐. 잠잘 때 나쁜 꿈을 걸러주는 채라는 것이다. 야구에서 투수가 자신의 공을 받아주는 든든한 캐쳐가 있어 마음놓고 강속구를 뿌리듯 꿈을 걸러주는 채가 있으면 잠자리가 편안해진다고 한다. 얼마나 재미있고 의미있는 물건인가. 아메리카 인디언들의 오랜 풍속에서 유래되어 지금도 캐나다 사람들은 이 물건을 간직하고 선물하기를 즐긴다고 한다.

그러고 보면 꿈은 우리 인간이 풀지 못하는 영원한 숙제이다. 어린 시절에 읽었던 거지와 왕자 이야기에서도 꿈 이야기가 주요 소재였다. 낮에는 왕자이지만 잠만 들면 거지가 되어 굶주림 속에 헤매는 처지와 실제는 거지이지만 잠이 들면 왕자가 되는 꿈에 빠지는 거지, 그 둘 중 누가 더 행복한가를 놓고 논쟁을 하던 기억이 새롭다.

또 영성 신학자인 안셀름 그린 신부는 잠을 자다가 끊임없이 아래로 추락하는 꿈을 꾸는 것은 스스로를 너무 높이 올려 두었기 때문에 아래로 추락한다고 한다. 그런저런 꿈에 비해 장자가 꿈에 나비가 되어 현실과 꿈을 구분치 못했다는 것은 또 얼마나 부러운 꿈이던가.

난중일기에도 보면 꿈 이야기가 자주 나온다. 한치 앞을 내다볼 수 없는 풍전등화의 전시 상황에서 어찌 잠자리가 편할 수 있으며 꿈자리인들 사납지 않았겠는가. 일기 속에 자세한 꿈 얘기를 하지는 않았지만 '새벽에 꿈이 몹시 산란했다' 라든가 '밤에 꿈을 꾸었는데, 머리를 풀고 크게 울었다. 좋은 징조라고 한다' 라고 적어둔 것으로 보아 이순신 장군은 어지러운 꿈을 자주 꾸고 그 꿈 내용에 대해 적잖이 신경을 쓰고 있음을 알 수 있다.

나 또한 꿈이 예민한 까닭에 이런저런 신경 쓸 일이 있으면 그 일이 미리 꿈에 보일 때도 있어 기대와 함께 두려움을 느낄 때가 많다. 이를테면 가족 중에 누가 시험을 보거나 대회에 나갈 때면 미리 그 결과가 꿈에 보인다. 다는 아니지만 점수나 등위까지 아주 정확하게 보일 때가 많다. 또 교통사고가 나거나 다툼이 일어난 꿈을 꾼 날에는 무슨 계시만 같아 그날 하루는 미리 조심을 하거나 입을 닫고 지내는 수도 있다.

마음까지 시려오는 늦가을이어서인가 요즘 따라 부

쩍 꿈이 많아졌다. 그것도 어지러운 새벽꿈이다. 꿈으로 하여 시달리다 깨어난 아침은 머리가 무겁고 기분이 우울하다. 아무리 좋은 해몽을 끌어다 맞추어 보아도 찜찜한 기분이 잘 가시지 않는다.

그래서 생각해 낸 것이 선물로 받은 드림 캐쳐다. 아메리카 인디언들의 영험을 본받아 꿈을 다스려 보려고 그것을 찾아 침대 머리맡에 걸어두고 잠들어 본다. 그래도 여전히 꿈은 많고 어지럽다.

사람살이에서 날마다 평온만 있을까마는 몇 차례 죽음 앞에 서 본 이후에는 되도록 마음을 편하게 하려고 애쓰며 산다. '두문즉시심산(杜門卽是深山)', 즉 문 닫으면 곧 이곳이 깊은 산중이란 말을 마음에 새기며 집 안에 들어오는 순간 화초를 돌보거나 글을 읽거나 혹은 음악을 들으며 되도록 세속의 일들은 잊으려고 애쓴다. 그런데도 끊임없이 꿈자리가 사나운 것은 참으로 알 수 없는 일이다.

하여 마지막으로 생각해 낸 것이 기도이다. 책을 읽다가 걷기명상으로 널리 알려진 틱낫한 스님의 '기도'라는 글을 만났다. 그 글에는 이렇게 적혀 있었다.

기도는 종교의 전유물이 아니다. 기도는 우주가 인간에게 선사하는 아주 특별하고 소중한 선물이다. 행복은 이미 궁극의 차원에 존재하고 있으며 기도는 궁극의 차원으로 우리를 이끌어 주기 때문이다.
당신이 무엇인가를 간절히 원한다면 주저하지 말고 기도하길 바란다. 그래서 당신 자신이 우주안의 모든 에너지와 연결되어 있다는 것을 체험하길 바란다.

그렇다. 꿈자리를 편하게, 삶을 풍요롭게 해 주는 것은 기도일 수 있다. 그런데 나는 지금까지 기도를 종교의 전유물로만 알았다. 하루 일과를 끝내고 잠자리에 들기 전 감사와 축원의 긴 기도를 올리는 사람의 모습을 동경하고 부러워했지만 '나는 기도할 줄을 모릅니다' 라는 핑계를 앞세워 기도하기를 회피해 왔다.

오늘 밤에는 잠자리에 들기 전 그리운 사람, 사랑하는 모든 이들을 위해 오래오래 기도를 해 보려고 한다. 그것이 진정한 드림 캐처가 아니겠는가. 내일 아침에는 상쾌하게 잠에서 깨어나기를 기대해 보며…….

캄보디아 소녀 '스라이에'

물질보다 외양보다 더 소중한 것이
'내' 안에 있다는 사실을 알고
부디 행복하게 살아가기를…

세계적 문화유산 왕코르와트를 찾은 날은 2월인데도 30도를 웃도는 무척이나 더운 날이었다. 한때 융성했던 앙코르 왕국의 영화가 고스란히 느껴지는 평원에 세워진 사원을 둘러보며 감탄과 함께 역사의 무상함을 느꼈다.

한때 동으로는 오늘의 베트남인 월국을, 남으로는 태국 일부까지를 점령하여 나름대로의 제국을 형성해

600여 년을 이어오던 왕조가 무슨 이유로 버려진 채 기억 속에서 지워졌는지……. 백성을 지켜줄 든든한 조정이 없는 부주공산에 끊임없는 외세의 침입을 온 몸으로 맞아야 했던 무지렁이들의 삶이 얼마나 고단했을지는 상상으로도 가여웠다. 게다가 킬링필드라는 영화로 널리 알려진 대로 1970년대 중반 권력을 둘러싼 동족간의 학살로 당시 700만 인구 중 200만에 가까운 사람이 희생된 아픔이 아직도 고스란히 존재하는 나라 캄보디아.

그나마 앙코르와트 덕택에 20만 인구가 사는 도시 씨엠립에는 하루에도 여러 차례 관광객을 실은 비행기가 내리고 씨엠립 시내는 넘쳐나는 사람들로 밤마다 불야성을 이루지만 도시를 벗어날수록 가난의 빈도가 심해지는 것을 한눈에 알 수 있다.

앙코르와트에 이어 앙코르톰, 바이욘 사원 등 근처에 산재해 있는 유적들을 둘러보고 하루의 피로를 풀기 위해 들른 곳이 중국인이 운영하는 발 마사지 숍이었다. 따뜻한 물에 발을 담그게 하고 십대 소녀 하나씩이 한 사람씩 담당해 마사지를 해 주는데 이곳이 그네들의 일터인 것이다. 가이드의 말에 따르면, 이 소녀들은 한 달에 50달러 정도의 급료를 받으며 한 사람 마사지를 할 때마다 1달러의 팁을 받아 생활을 한다고 한다. 한창 공부해야 할 나이에 생활 전선에 뛰어든 아이들, 우리 돈으로 환산하면 보잘 것 없는 돈을 벌기 위해 땀을 흘리는 모습이 안스러워 눈을 감고 있는 시간이 많았다. 그래도 다행인 것은 내 앞에 앉은 소녀는 위로 묶은 머리꼭지에 염색을 하고 귀고리까지 한데다 표정이 밝아서 부담이 덜했다. 내가 머리꼭지가 예쁘다고 했더니 환하게 웃으며 제 목에 걸린 신분증을 보여주었다. 멋을 부려 찍은 사진 위에는 영어로 '스라이에' 라고 적혀 있었다. 스라이에라고 이름을 불러주었더니 몇 번이고 발음을 교정해 준다. 영어로는 그렇게 적혀 있어도 자기네 억양과는 사뭇 다른 모양이었다.

그렇게 얼마가 지난 후 다시 눈을 떴더니 이번에는 스라이에가 내 팔을 가리키며 피부가 하얘서 부럽다고 했다. 그러면서 자기의 검은 색 팔을 마주 대 보이는 것이었다. 그러고 보니 남자인 내 팔뚝이 그 소녀에 비해 유난히 희게 보였다. 나는 처음에 내가 해준 칭찬에 대한 예의로 하는 말인 줄 알았지만 그 아이의 진지한 눈빛에 순간 할 말을 잊고 말았다. 부와 가난, 교만과 열등감, 부림과 섬김……, 그런 단어들과 함께 굶주림 속에 살던 내 어린 날의 모습이 떠올라 가슴이 먹먹했다. 그래서 나는 되도록 진실한 표정을 지으려 애쓰며 서툰 영어로 노-노- 라고 말했다. 너의 피부 빛깔이 더 아름답다고, 건강하고 윤기있는 빛깔이라고 말해주었다. 물론 내가 하는 말에 선뜻 수긍하는 것 같지는 않았지만 스라이에는 분명 환하게 웃고 있었다.

마사지를 마치고 나오며 나는 뒤에 오는 사람에게 피해가 되지 않을 만큼의 지폐 장을 접어 소녀의 손에 쥐어 주며 머리 숙여 감사 인사를 했다. 가난한 나라에 사는 어린 소녀가 행여라도 마음의 상처를 입지 않기를, 물질보다 외양보다 더 소중한 것이 '내' 안에 있다는 사실을 알고 부디 행복하게 살아가기를 바라면서…….

신랑 신부에게

"사랑해요" "미안해요" "고마워요"

"당신 말이 맞아요" "당신이 최고예요"

신의 은총이 가득한 이 아름다운 계절에 사랑의 결실을 맺어 결혼을 하는 신랑, 신부에게 축하를 드립니다.

새로 가정을 꾸리는 두 사람에게 해 주고 싶은 좋은 말들은 많지만 여기서는 신랑 신부가 평생을 두고 꼭 명심하고 실천했으면 하는 점을 한두 가지만 말씀드리려고 합니다.

저는 글을 쓰는 사람으로 '말'의 가치를 누구보다 중요시하며 살아왔습니다. 모든 인간살이에서 말 때문에 울고 웃는 일이 얼마나 많습니까? 특히 가장 가까운 부부 사이에는 이 말의 역할이 더 크게 작용합니다. 따라서 "사랑해요." "미안해요." "고마워요." "당신 말이 맞아요." "당신이 최고예요." 이런 좋은 말을 입에 달고 살기 바랍니다. 말은 자꾸 하다보면 습관이 되고 행동도 그렇게 변화시키는 힘을 가지고 있습니다. 살갑고 인정스러운 말을 하는데는 갈등 같은 잡티가 끼어들 틈이 없습니다. 나아가 이런 말 습관을 가족과 주변 사람에게까지 확장시켜 보십시오. 온화하고 좋은 사람으로 인정받으며 일생을 살아갈 수 있을 테니 이보다 더 큰 보람이 어디 있겠습니까.

여러분도 잘 아시는 『어린왕자』를 지은 프랑스의 작가 생텍쥐페리는 연애가 두 사람이 서로의 눈동자를 들여다보는 것이라면, 결혼은 먼 지평선을 함께 바라보는 것이라 했습니다. 연애를 할 때는 주변을 의식할 필요가 없습니다. 그저 두 사람이 서로의 눈을 바라보며 사랑만을 확인하면 됩니다. 그러나 결혼은 그것만으로는 안 됩니다. 결혼과 함께 많은 주변이 생기기 때문입니다. 함께 이루어야 할 목표가 있고, 함께 모셔야 할 부모가 있고, 함께 길러야 할 자식이 생기는 것입니다.

요즘 결혼식장에 가보면 사회자가 행진을 앞두고 신랑 신부에게 "나는 봉잡았다"라고 외치게 하는 풍경을 보게 됩니다. – 오늘도 그렇게 시킬지 모르겠습니다만 – 저는 그 말이 참 옳다고 봅니다. 신랑이 신부를, 신부가 신랑을 맞이한 기쁨은 물론 이제부터 두 사람에게는 부모가 두 분 더 생겼습니다. 거기다 형제, 자매가 새로 생겼고 많은 친척들과 친구들을 얻었습니다. 이보다 더 큰 횡재가 어디 있겠습니까? 이 분들은 앞으로 두 사람의 든든한 후원자요 삶의 배경이 될 것입니다. 따라서 두 사람은 양가 부모님을 내 부모님과 똑같은 마음로 모시기 바랍니다. 그리고 형제들과 우애를 나누고 친척, 친구들을 정성으로 대하시기 바랍니다.

이것이 바로 생텍쥐페리가 말한, 두 사람이 함께 바라보아야 할 먼 지평선이라고 생각합니다. 물론 서로의 눈을 가까이서 들여다보며 사랑을 확인하는 일은 평생을 두고 게을리하면 안 됩니다. 그와 함께 먼 지평선을 함께 바라보는 공통된 목표를 공유해야 사랑에 깊이를 더할 수 있다는 사실을 명심하기 바랍니다.

요약합니다. 두 사람은 힘이 되고 용기를 주는 말, "사랑해요." "미안해요." "고마워요." "당신 말이 맞아요." "당신이 최고예요." 같은 긍정적이고 좋은 말을 입에 달고 살기 바랍니다. 그리고 부모에게 효도하고 형제와 이웃을 살갑게 대하며 힘들고 어려운 일이 있을 때마다 함께 바라볼 먼 지평선의 의미를 되새기며 행복한 가정을 꾸려가기를 이 자리에 계신 모든 분들과 함께 기원합니다.

참척(慘慽) 앞의 부모님께

슬픔이 이렇게 사무친 데도 한마디 대답이 없는 신(神) ~
그래도 우리는 절대자인 신 앞에 무릎을 꿇고 매달려
또다른 부탁을 할 수밖에 없습니다.

존경하는 K 선생님,

길고도 혹독한 겨울을 보낸 끝에 맞은 따사로운 3월의 주말, 가족과 함께 하는 여행 중에 문자 비보를 받고 정신이 아득했습니다.

참척의 변고라니……. 얼마 전에도 가까운 이웃에 그러한 지인이 있어 함께 자식을 키우는 부모로서 생각의 사이마다 아픔을 느끼며 지내던 참이었는데, 참으로 착하고 곱게 사시는 선생님 가정에 이렇게 슬픈 일이 닥쳐 무어라고 위로를 드려야 할지 할 말을 잊고 말았습니다. 그야말로 청천벽력이 아니고 무엇이겠습니까?

우리는 많은 말을 듣고 쓰지만 어떤 말은 너무나 깊고 오묘하거나 또는 처참해 차마 그 뜻을 헤아릴 수조차 없는 경우가 있습니다. 그런 말 중의 하나가 자식을 가슴에 묻는 '참척(慘慽)'이 아닐까 합니다. 듣기에도 폐부를 찌르는 단어이지만 그 슬픔과 아픔은 어떤 재능 있는 시인이라도 말로 다 풀어내지 못할 것입니다. 무슨 말로도 위로가 될 수 없으며 세월이 흘러도 결코 가벼워지지 않는 슬픔, 신의 존재마저 의심할 수밖에 없는 아픔 앞에 정면으로 마주 서 있는 선생님 가정에 침묵으로 두 손을 모읍니다.

선생님께서도 잘 아시겠지만 얼마 전 세상을 떠나 꿈에도 못잊을 아들 곁으로 가신 소설가 박완서 선생님이 생각납니다. 그 또한 일찍이 의사를 꿈꾸던 26세의 아들을 사고로 잃고 부산에 있는 가톨릭 수도원에 들어가

식음을 전폐하다시피 한 채 몇 달을 하느님과 맞섰다고 합니다. 착하고 죄없는 아들을 먼저 데려간 까닭을 한 마디만 해 달라고 하면서 말입니다. 그는 아들을 잃은 심정을 이렇게 썼습니다.

<나는 내 아들이 이 세상에 없다는 무서운 사실을 견디기 위해서 왜 그런 벌을 받아야 하는지 영문을 알아야만 했다. 아들을 잃은 것과 동시에 내 교만도 무너졌다. 재기할 수 없을 만큼 확실하게, 그러나 교만이 꺾인 자리는 겸손이 아니라 황폐였다.>

그러나 그는 끝내 신으로부터 '그 한마디'를 듣지 못했다고 합니다. 생떼같은 아들을 졸지에 잃고 피를 토하듯 고통스러운 시간을 보낸 뒤 글쓰기의 힘으로 겨우 다시 일어날 기운을 얻었다고 합니다. 원망스럽기 그지없는 신에게, 아들에게, 때로는 자기 자신에게 쓰고 또 쓰는 과정을 거치며 어느 정도 치유의 경험을 하게 되었답니다. 그렇게 써 내려간 일기를 모아놓은 책이 〈한 말씀만 하소서〉인데 제목만 들어도 가슴을 도려내는 통증을 느끼곤 합니다.

슬픔이 이렇게 사무친데도 한마디 대답이 없는 신(神). 그야말로 천지불인(天地不仁)이 아니고 무엇이란 말입니까? 그래도 우리는 절대자인 신 앞에 무릎을 꿇고 매달려 또다른 부탁을 할 수밖에 없습니다. 먼저 간 가엾고 착한 영혼을 그 품으로 안아 달라고 말입니다. 이 얼마나 모순되고 안타까운 일입니까? 다시 박완서 선생의 고백을 인용합니다.

<나는 신이 생사를 관장하는 방법에 도저히 동의할 수가 없고, 특히 그 종잡을 수 없음과 순서 없음에 대해선 분노하고 비웃어도 성이 차지 않지만 또한 그러고도 그분을 덧들이고 싶지 않았다. 나는 오직 그분만이 생사를 관장하고 있다고 신의 권위를 믿고 있었고, 불쌍하게도 깊이 공구(恐懼)하고 있었다.>

저의 가족사에도 그런 아픔이 있었습니다. 스물아홉 살의 누님이 숨졌을 때 젊어서 혼자가 되어 여러 남매를 키우며 남몰래 한숨짓는 날이 많았지만, 한 번도 눈물을 보이지 않던 어머니가 주체할 수 없는 슬픔으로 울부짖던 모습이 아직도 뇌리에 깊이 박혀 동병상련의 마음이 더한지도 모르겠습니다.

지금은 무슨 말로도 위로가 되지 않겠지만 주변에서 내 일처럼 아파하는 사람들을 위해 조금만 힘을 내시기 바랍니다. 태어나면 언젠가 한 번은 떠나야 하는 것이 생명의 길이라는 진리에 기대어 하늘나라에서 다시 만날 그날을 기다리며 위안 속에 살아가시기를 바랄 뿐입니다.

슬픔과 아픔을 함께 하는 마음을 담아 부족한 글 보냅니다.

나의 희망, 수드라의 희망

드디어 나는 인도를 여행한다.

만일에 대비해 은팔찌 하나를 준비하는 것도 잊지 않는다.

만약 나에게 아무도 몰래 쓸 수 있는, - 그래서 그 돈을 내 마음대로 써버려도 살림에 전혀 주름살이 조금도 가지 않는 - 여윳돈이 얼마쯤 있다면 나는 멀리 여행을 떠나고 싶다. 여행의 뒤끝에 약간의 후회도 남지 않을 곳, 일생을 두고 그 여행의 추억과 감동이 마음의 평화와 생각의 강물을 흐르게 하여 내 영혼을 살지게 해 줄 곳을 찾아가 보고 싶다. 내가 언젠가 꼭 한 번쯤

가보고 싶은 그곳은 바로 오랜 역사와 생명이 살아 숨쉬는 인도이다.

세계에서 거지가 가장 많은 나라, 그런대도 도둑이 거의 없는 나라. 온 세계가 평등과 자유의 시대로 가고 있지만 지금도 네 단계의 계급이 엄연하게 존재하는 나라. 그래도 그것을 불평하거나 부정하기보다는 자신에게 주어진 운명으로 순순히 받아들이며 영혼의 정화를 지상의 목표로 삼는 사람들이 사는 나라. 나는 그런 인디안의 모습을 가까이서 보고 싶다. 더구나 연전에 읽은 누군가의 인도 기행문 중에서 네 계급 중 최하위층에 속하는 수드라의 일생에 대한 이야기는 나를 깊은 생각 속에 빠지게 했었다.

수드라, 그들은 주로 상층계급 집안에서 하인 노릇을 하거나 빨래, 노동 등 힘들고 천한 일을 하며 겨우 입에 풀칠을 하며 산다고 한다. 그들에게 한 가지 희망이 있다면 일생동안 모은 돈으로 은팔찌 하나를 구하여 손에 차는 것이란다. 그 은팔찌 하나를 위해 수십 년을 노력해야 한다고 하니 참으로 가엾은 인생이 아닐 수 없다. 그러는 사이 나이를 먹고 병이 들겠지만 은팔찌 하나의 희망이 이루어지고 최소한의 여력만 생기면 그들은 칙칙하고 무거운 일상의 짐을 훌훌 털고 평생을 꿈꾸던 그들의 성지 갠지스강을 향하여 떠난다고 한다.

갠지스강은 북부 히말라야에서 발원하여 인도의 중앙을 가로지르는 긴 강으로 인도인들은 그 강을 생명의 모태가 되는 신성한 곳으로 믿는다. 지금은 갠지스강도 공업화의 물결로 몸살을 앓는다지만 그들은 조금도 개의치 않고 그 신성한 강물에 뛰어들어 감격 속에 몸을 씻으며, 그렇게 하여 깨끗한 영혼을 만들어 보다 나은 계급으로의 환생을 꿈꾼다는 것이다.

그래서 인도의 어디에서나 갠지스가 있는 바라나시로 향하는 3등칸 열차는 고단하지만 희망을 품은 수드라들로 붐비고 거지와 움막과 밀개떡이 있는 갠지스 강가는 하루 종일 시체를 태우는 연기가 끊이질 않는다고 한다. 어렵사리 모은 돈으로 은팔찌 하나를 구한 수드라들은 화장터가 있는 강가에서 날마다 몸을 씻으며 곧 다가올 죽음과 죽음 뒤에 찾아올 환생을 기다린다. 다행히(?) 일찍 죽음이 찾아와 허술한 육신을 거두어가 주면 좋으려니와 그렇지 못하면 별수 없이 오가는 사람을 상대로 구걸을 하여 그 돈으로 밀개떡을 사 먹으며 기약없는 죽음을 기다릴 수밖에 없다.

수드라들이 죽으면 시체를 수습해 화장을 하는데 강변에 장작더미를 쌓아 환생을 도와주는 또 다른 고마운 수드라들이 있다고 한다. 그 화장의 대가가 바로 죽은 자가 생전에 차고 있던 은팔찌 하나라고 하니 장례비 치고는 헐하다고 하겠지만 수드라들이 일생을 통해 그토록 갖고자 했던 은팔찌 하나의 용도에 목이 메일 수밖에 없다.

인도에서는 어디서나 많은 거지들을 만나지만 혹 적

선을 하여도 거지들로부터 인사를 받지 못한다는 인도를 나는 꼭 한번 가 보고 싶다. 하기사 돈 받은 거지가 복 받을 이유가 없고 적선한 사람이 거지를 통해 복받을 기회를 얻은 것이니 오히려 거지에게 고맙다는 인사를 하는 게 보다 높은 이치에서 보면 옳을지도 모른다. '왼손이 하는 일을 오른 손이 모르게 하라' 는 성경구절도 있고 '유음덕자 필유양경(有陰德者 必有陽慶)' 이라고 남몰래 덕을 쌓은 자 반드시 큰 보답을 받는다는 옛 성현의 말씀도 있지 않은가. 작은 선행을 하고서도 이름이 빛나기를 바라며 자주자주 주머니 속 돈을 세고, 하찮은 일에 쉬 웃고 우는 속된 세상에 속되게 사는 '나' 이기에 삶의 철학이 있는 나라, 내세에 대한 희망이 있으며 거지는 많아도 도둑이 없는 도덕적으로 건강한 나라 인도엘 더욱 가보고 싶은 것이다.

D대학의 어느 철학 교수 한 분이 인도를 여행하다가 힌두세계에 빠져 그만 귀국을 포기하고 입산함으로써 행방불명되었다는 단신을 바탕으로 다음과 같은 상상을 해 보는 것도 참으로 재미있는 일이다.

드디어 나는 인도를 여행한다. 만일에 대비해 아무도 몰래 은팔찌 하나를 준비하는 것도 잊지 않는다. 여행 도중 지금의 병약함과 무지함과 내 삶의 고독이 전생의 업보라고 믿게 된다. 쉴새없이 타오르는 갠지스 강가의 시체 타는 연기를 보며 생의 허무를 온 몸으로 느낀다. 비끼는 놀이 아름다운 강변에서 오래도록 생각을 키운다. 그러다 끝내 수드라처럼 내세의 행운을 기다리며 귀국을 포기하고 보리수나무 밑에 거적을 깔고 가부좌를 틀고 앉는다.

한 번쯤 내 실종이 가져올 아주 작은 파문을 생각하며, 아니면 숫제 그런 사념조차 잊은 채로…….

〈인디아 편지 · 1〉

영원한 사랑 앞에서

- 사랑의 기념비 타지마할

"역사가 언어의 기록물이라면
타지마할은 영원한 사랑의 기록물이다."

경님, 말로만 듣고 사진으로만 보던 타지마할 앞에 섰습니다.

눈부실 정도의 흰 대리석으로 만든 '영원한 사랑의 기록' 타지마할을 대하는 순간 가슴이 벅차 할말을 잃습니다. 이렇게 위대한 사랑의 기념비, 아니 사랑의 기록을 본 적도 없거니와 상상조차 해보지 않은 채 그동안 사랑이란 단어를 수없이 써온 내가 한없이 부끄럽고

초라하게만 느껴집니다. 누군가 사랑에도 내공(內攻)이 있다고 했던가요. 그 엄청난 사랑의 내공이 세계 7대 불가사의 중 하나이며 인간이 만든 가장 완벽한 건축물인가 봅니다. 이것은 죽은 자의 무덤이 아니라 영원히 사는 자의 화려한 궁전입니다. 타지마할은 우리에게 참사랑의 의미를 실증으로 가르칩니다. 그것은 바로 사랑에는 '적당히' 라는 말이 절대 통하지 않는다는 것과 사랑의 기록은 영원하다는 것입니다.

죽은 아내를 위해 유일무이(唯一無二)한 궁전을 지어 바친 무굴제국의 5대왕 샤자한에게 무궁한 경의를 표할 수밖에 없습니다. 순하고 착한 사람들이 사는 인도를 침략해 숱한 문화유산을 파괴한 이슬람 제국이 이 땅에서 인류를 위해 공헌한 것이 있다면 '천국의 정원' 이란 말 뜻을 가진 빛나는 유산 타지마할이 아닌가 합니다.

일찍이 인도의 북서부 지방을 통해 끊임없이 넘나들던 이슬람 세력들은 이곳 아그라와 델리를 중심으로 1526년 바베르가 이슬람 왕조인 무굴제국을 세웁니다. 영화를 누렸던 6대까지의 왕들은 바베르를 비롯해 2대 후마윤, 3대 악바르(아크바르), 4대 자한기르, 5대 샤자한, 6대 아우랑제브이며 그 후 영국과의 전쟁에서 패한 1765년부터 직할식민지가 된 1858년까지는 꼭두각시 왕들이 대를 이었답니다. 그 무굴제국 230년 역사 속에 타지마할을 세운 샤자한이라는 이름의 왕이 있습니다.

샤자한, 그는 힌두나 불교사원의 여러 신상과 불상의 팔다리를 마구 잘라 악명 높은 그의 아들 아우랑제브와는 달리 모든 종교를 포용하는 통큰 사나이였답니다. 스무살 때 동갑나기 '무무타지마할' 과 결혼해 39세 되던 해 사랑하는 아내와 사별하기까지 열네 명이나 되는 아이를 두었다니 엄청 금슬이 좋았던가 봅니다. 그는 셋째 왕자로 태어나 왕이 될 가능성이 적었지만 지방 태수로 있는 동안 공을 쌓고 세력을 모아 35세에 아버지를 몰아내고 왕이 되었다니 조선시대 태종이 된 이방원 만큼이나 권력욕도 대단했던 사내로 짐작됩니다. 그는 또 건축광이었기 때문에 그 당시 백성들의 고통이야 말할 수 없었겠지만 타지마할과 왕궁 등 뛰어난 건축물을 후손에게 남겼으니 그 공만은 길이 남을 것 같습니다.

샤자한이 그토록 사랑한 아내 '무무타지마할' 은 열다섯 번째 아기를 낳다가 그만 죽게 됩니다. 서른아홉, 사랑을 두고 죽기에는 너무나 아까운 나이가 아닙니까? 그녀는 죽으며 자신을 위해 이 세상에서 가장 아름다운 무덤을 만들어 달라고 유언을 했답니다. 그래서 이 사랑의 기록이 쓰여지기 시작한 것이지요. 아내가 죽은 이듬해부터 공사에 착수한 샤자한은 멀리 페르시아에서 장인들을 불러오고 1000여 마리의 코끼리를 동원해 이탈리아에서는 대리석을, 중국이나 러시아 등에서까지 여러 가지 진귀한 돌을 실어오게 했습니다. 건축비만 해도 그 당시 돈으로 500만 루피요 날마다 동원된

인원이 2만여 명이었다니 사랑하는 사람을 위한 한 사나이의 집념이 어느 정도였는지 가늠하기조차 어려울 정도입니다. 어디 그 뿐입니까? 세상에서 단 하나뿐인 그야말로 'only'를 위해 22년 동안의 대공사가 끝난 뒤 동원된 장인들의 오른 쪽 손목을 모두 잘랐다고 합니다. 그리고 뒤편으로 흐르는 야무나강 건너편에 타지마할에 버금가는 자신의 검은색 대리석 무덤을 만들고 그 사이를 구름다리로 이어 두 영혼이 이어지게 하려던 샤자한의 꿈은 그의 셋째 아들에 의해 깨지고 맙니다. 유전하는 업보라고나 할까요. 두 형까지 죽이며 왕위를 빼앗은 자신의 아들 아우랑제브에 의해 아그라성에 유폐된 샤자한. 아내가 죽은 뒤 왕비의 빈 자리를 채우지 않은 채 오직 하나 뿐인 영원한 사랑의 기록에 매달렸던 샤자한은 유폐된 성곽 망루에 앉아 수 킬로 떨어진 타지마할을 바라보며 8년 세월을 보내다 죽어 자신이 아내에게 바친 그 타지마할 속 아내곁에 묻힙니다.

그렇습니다. 타지마할은 영원한 사랑의 기록입니다. 혹시 사랑의 기록이 막막해 한숨 쉬는 사람이 있다면 타지마할을 보면 답이 떠오를 것입니다. 엄청난 마음의 부담과 함께 말입니다. 이곳을 찾은 여인들은 서슴없이 말합니다. 이만한 사랑의 확인과 선물이 있다면 죽음조차 슬프지 않겠다고.

경님, 오늘은 타지마할에 대한 감동이 너무 커 긴 글을 씁니다만 도저히 이쯤에서 마칠 수가 없습니다.

타지마할은 들어가는 입구부터 예사롭지 않습니다. 출입문이 있는 건물도 그 자체로 훌륭하거니와 타지마할이 있는 쪽으로 넓게 트인 공간이 빚어내는 착시 현상 때문에 앞으로 다가서면 타지마할이 멀어지고 뒤로 물러서면 미련처럼 가까워지는 것이 사랑의 의미를 말해주는 듯하여 놀라웠습니다. 완벽한 대칭구조의 흰 대리석 건축물 타지마할. 지진에 대비해 바깥쪽으로 쓰러지게 쌓은 89도 · 91도 기울기의 탑기둥 조차 세밀하기가 그지없습니다. 완벽한 대칭구조가 한 마리 비익조를 연상케 하여 우리 부부가 만든 비익조의 사랑 노래를 나지막히 불러봅니다.

신발을 벗고 대리석 바닥을 밟는 촉감이 신선합니다. 타지마할 안으로 들어오자 감동이 절정에 달합니다. 가슴이 쿵쿵 뛰어 어떤 말로도 이 감동을 전할 수가 없습니다. 말 그대로 백문이 불여일견. 이 순간을 사랑하는 사람과 함께 하지 못하는 아쉬움이 더욱 가슴을 시리게 합니다. 왕비의 관을 먼저 놓고 후에 왕인 샤자한의 관을 안치한 탓에 이 건물에서 유일하게 비대칭 구조인 두 개의 관을 보고 벽에 쓰인 이슬람어로 된 죽음에 관한 글귀들을 상상으로 해독해 봅니다.

함께 했던 지난 날 행복했으니
우리 사랑 짧았다고 슬퍼하지 말아요
세월이 저 강물처럼 흐른다 해도
내 영혼 속에 변함없이 살아가는 그대
눈을 뜨고 보아요
여기는 내 하나 뿐인 사랑
그대를 위한 집
추억과 만남의 바람을 여기에 새기노니
그리움에 몸떨며 기다리고 있을 사랑아
나 또한 그대를 꿈에서도 잊지 않으리
아, 서로의 마음속에 아로새겨진 사랑
눈부신 타지마할과 함께 영원하리라.

나는 지금, 사랑의 전도사 샤자한이 갇힌 몸이 되어

사랑하는 아내와 함께할 그날을 기다렸던 아그라성이 멀리 보이는 여무나 강변 쪽 대리석 바닥에 앉아 편지를 씁니다.

경님, 샤자한처럼 사랑의 열정과 신의도 가져야 하겠지만 부와 권력이 없는 우리네 사랑의 기록은 무엇으로 해야 될까요? 사랑의 결실로 태어난 우리의 아이들을 정성으로 잘 기르는 것과 울림이 큰 한 편의 헌시나 '사랑의 노래'……. 그런 것들을 소박하게 머릿속에 그려 봅니다. 그런 의미에서 타지마할은 참사랑의 방식과 기록을 가르치는 살아있는 교과서입니다. 메말라가는 사람들 가슴마다 사랑의 불꽃을 당겨주는 발전소입니다.

맑은 새벽별을 보며 270킬로미터 시골길을 달려 이곳 아그라로 오는 길에 보았던 동네이름을 딴 시크리성도 인도 전역에 산재해 있는 유네스코지정 세계문화유산 25곳 중 하나로 붉은 돌기둥에 힌두, 이슬람, 기독교 문양 등이 정교하게 새겨진 360년 전의 빼어난 건축물이며 아시아 최대를 자랑하는 높이 42미터의 '승리문' 또한 엄청난 볼거리였지만 인구 260만의 오래된 도시 아그라를 빛내는 타지마할 앞에서는 빛을 잃고 맙니다.

한참 동안의 명상 끝에 나는 발견처럼 한마디를 되뇌어 봅니다.

"사랑은 인류 공통의 언어이다. 역사가 언어의 기록물이라면 타지마할은 영원한 사랑의 기록물이다."

경님, 경님도 오늘 밤 사랑의 의미를 가슴에 새기며 잠들기 바랍니다.

– 타지마할이 있는 아그라에서

〈인디아 편지 · 2〉

갠지스에서 올리는 기도

이 밤도 갠지스 강물은 흐르고 흘러
스스로의 몸을 밝히고 있을 것입니다.

경님, 드디어 제향 연기 가득한 갠지스 강변에 왔습니다.

릭샤를 타고 소음과 매연의 터널같은 늦저녁 거리를 지나 힌두의 성지 갠지스 강변에 섰습니다. 지금은 저녁 불빛이 휘황한 가운데 생명의 모태 갠지스강을 향해 저녁 예배를 드리느라 사위는 온통 마이크 소리에 둘러싸여 있습니다. 가장 위대한 신 시바신을 필두로 보호자 신인 비슈누, 창조신인 브라마 신께 정성을 다해 예를 올리는데, 그 경건한 모습에 정말 가까이 어디쯤에 신이 있는 듯한 느낌이 듭니다. 이미 어둠이 짙게 내려 갠지스의 넓이와 깊이를 가늠할 수 없지만 세계 여러 나라에서 온 취재진이나 구경하는 사람조차 숙연한 분위기여서 나 또한 옷깃을 여미고 뜻모를 독경 소리에 귀를 기울입니다. 그러면서 저토록 정성을 다해 신께 경배를 올리는 힌두 승려들의 바람은 무엇일까를 곰곰 헤아려 봅니다.

나도 그들과 함께 두 손을 모은 채 눈을 감고 마음을 모았더니 알 수 없는 전율이 온몸을 타고 흐르는 듯합니다. 나는 때를 놓치지 않고 기원을 담습니다. '신이여, 아둔하고 병약한 저에게 지혜와 약간의 건강을 더해 주십시오. 그리하여 내가 살았던 세상이 나로 하여 조금은 더 따뜻해지도록 용기를 주십시오.' 눈을 뜨자 긴 예배행사가 끝나고 그제야 사람들은 뿔뿔이 흩어져 갑니다. 성스러운 갠지스 강에 해가 뜨는 내일 아침을 기약하며 갠지스의 밤은 조용히 깊어갑니다.

늦은 시간인데도 결혼식 행렬에 릭샤와 오토릭샤, 자

동차들이 뒤엉킨 혼잡한 바라나시의 거리를 지나 숙소로 돌아와 오늘 하루를 조용히 재생해 봅니다.

3000년 전에 조성된 오래된 도시 바라나시의 켄츠역에 내린 것은 새벽 6시. 호텔에 들어 짐을 풀고 몸을 닦은 후 곧장 부처님을 만나러 갔습니다. 우리와는 너무나 친숙한 부처님을 만나러 가는 길은 친근한 어른을 만나러 가는 것처럼 마음이 편안합니다.

경님, 서울을 떠나올 때까지만 해도 궁금하던 것 - 불교의 발상지에 왜 불교인구가 1% 밖에 되지 않을까 하는 궁금증은 이곳에 와 며칠이 지나지 않아 말끔히 풀렸습니다. 그것은 불교도 힌두의 한 갈래라는 것입니다. 힌두는 모든 종교를 부정하지 않으며 차별없이 포용하는 범신론적 사상을 가지고 있습니다. 오늘날 인도인들의 3신은 앞서도 말한 것처럼 창조신인 '브라마', 보호자신인 '비슈누', 파괴와 창조의 신 '시바'랍니다. 그 중에서 가장 위대한 신은 시바인데 인도 신화에 시바에 대한 위력이 잘 나타나 있습니다. 인간을 괴롭히는 악마가 나타날 때마다 해결사로 등장하는 신이 보호자 신인 비슈누인데 악마를 처치할 강점을 가지기 위해 여러 가지 화신으로 나타나 인간을 돕는답니다. 그 중 아홉 번째 화신이 바로 부처라고 하니 힌두의 깊이와 범위를 짐작할 만하지 않습니까? 그러다 보니 많은 이름의 신들이 생겨나고 말입니다. 우리 전통신앙에서 칠성이나 산신을 나름대로 숭배하는 것과 이치가 같답니다.

비슈누 신 얘기가 나와서 말인데 비슈누의 화신은 무려 열 가지랍니다. 그런데 흥미로운 일은 그 열 번째 화신이 아직 등장하지 않았다는 사실입니다. 이름만 알 수 있는 미래의 마지막 화신은 '칼키'랍니다. 칼키의 출현은 종말과 새로운 시작을 암시하는 것으로 신화에 따르면, 진실과 사랑이 지상에서 사라지고 거짓이 난무하게 되며 관능이 남편과 부인을 결합시키는 유일한 끈이 되는 세상이 온다는 것입니다. 뿐만 아니라 인간들은 신성한 의미를 잃게 되고 지상에서는 광물 자원만이 숭배되며 신성한 의식은 사라지고 상호 동의가 결혼 의식을 대체하며, 허세가 학식을 대체하는 혼란 속에 문명의 외관마저 사라지고 끝내는 인간이 동물의 상태로 돌아가 남녀 가리지 않고 23년보다 더 오래 살지 못하게 되는 퇴보의 시기에 비슈누는 그의 열 번째 화신인 백마 칼키를 타고 나타나 악인들을 파멸시키고 다음에 도래할 마하유가 시대에 창조와 덕의 부활에 대비한다는 것입니다.

그 구체적인 예언이 하도 섬뜩하며 그때가 우리 곁에 가까이 와 있다는 생각에 전율이 입니다. 그리고 기독교의 말세론이나 불교의 미륵 사상과도 맥이 닿아 결국 모든 종교는 하나의 귀결점에 이른다는 사실을 깨닫습니다.

그 비슈누 신의 화신이 부처인 까닭에 인도인들은 따로 불교를 믿지 않아도 배척하거나 부처의 공을 결코 가볍게 여기지는 않는 것 같습니다. 그 공적이란 자이나교를 창시한 마하빌 스님이나 예루살렘의 예수와 함께 인간도 깨달음을 통해 신의 반열에 오를 수 있다는 희망의 빛을 던진 것입니다. 또 불상을 통해 추상적인 신을 섬기는 힌두에 구체적인 조각물을 만들게 하는 영향을 끼치기도 하였답니다.

부처님이 득도한 뒤 처음으로 설법을 펼친 녹야원의

사찰과 불교박물관에서 너무나도 눈에 익은 불상과 부처님의 일대기를 그린 그림과 조각품을 보며 성인의 일생과 인생의 의미를 되새겨 보았습니다. 우리는 또 이곳에 한국 사찰이 있다는 안내에 늦은 점심을 각오하고 외진 곳에 초라하게 자리하고 있는 사찰을 찾았습니다.

얼굴빛이 고운 스위스 출신 스님을 비롯해 세 분의 스님과 한국에서 온 듯한 신도 한 분이 지키는 쓸쓸하기 그지없는 법당에 예불을 드리고 밖으로 나오니 주지 스님이 반갑게 맞습니다. 이곳에 한국 사찰이 없어 마음 아팠다는 법정 스님의 글을 전했더니 주지 스님은 그 전부터 있었다며 비행기만 타고 다녀 못 본 게라고 뼈있는 한 마디를 내뱉으며 씁쓸하게 웃었습니다. 정치든 종교든 어디에나 양지와 음지가 따로 존재한다는 사실에 마음이 무거웠습니다. 그 수많은 불사(佛事)를 일으키는 우리 불교계에서 정말이지 조금만 관심을 기울인다면 세계 불교의 성지인 바라나시 녹야원 근처에 있는 한국 사찰이 이토록 초라하지는 않을 텐데 말입니다. 때가 되었는데 공양을 못하고 보내 죄송하다며 주지 스님은 섭섭한 얼굴로 합장을 하였습니다.

그 모든 하루의 아쉬움과 슬픔과 기원을 담고 이 밤도 갠지스 강물은 흐르고 흘러 스스로의 몸을 맑히고 있을 것입니다.

내일 새벽 성스런 갠지스에서 다시 만나기를 기대하며 안녕을 고합니다.

– 갠지스가 있는 오래된 도시 바라나시에서

〈인디아 편지 · 3〉

등을 맞댄 삶과 죽음

– 갠지스강의 아침

무엇보다 추하지 않게 늙어가게 하시고

날마다 다시 사는 자비를 베풀어 주소서.

경님, 새벽에 일어나 갠지스에서 아침을 맞습니다. 어둠이 채 가시기 전의 갠지스는 그 물에 목욕을 하고 기도를 하는 사람들로 하루를 엽니다. 영혼을 맑게 하려는 성스러운 의식 앞에 물의 청탁을 따지는 일은 아무런 의미가 없을 것 같습니다. 물은 쉼없이 흐름으로써 깨끗해지고 끝내는 바다로 가 더 큰 물과 섞여 하나가 될 것이기 때문입니다.

어스름한 강가에서 작은 보트를 빌려 타고 강으로 나갑니다. 여나믄 살 먹은 조그만 소녀가 한 개에 5루피, 우리 돈 천원 남짓한 값에 파는 접시 모양의 꽃촛불을 사는 것도 잊지 않습니다. 어젯밤의 기원을 다시 한번 담아 강물에 띄울 생각입니다. 배가 강기슭을 벗어났을 때 촛불을 밝혀 손바닥에 얹고 마음을 모읍니다.

"자애로운 신이여, 그리고 생명의 모태가 되는 성스러운 갠지스여! 지난 세월 욕망과 안락을 좇으며 때로는 음탕과 쾌락에 빠져 살아온 인생, 어찌 감히 해탈이야 꿈꾸리오마는 조금 더 사랑하며 살 수 있는 건강과 무지에서 벗어나는 지혜를 주소서. 그리고 무엇보다 추하지 않게 늙어가게 하시고 날마다 다시 사는 자비를 베풀어 주소서."

긴 기도를 끝내고 촛불을 띄울 때 가슴이 뭉클해져 눈물이 날 것 같습니다.

보트를 타고 강변을 거슬러 올라가며 가트들을 봅니다. 가트란 계단이 있는 길, 또는 저택을 말하는데 강가에 늘어선 108개의 가트들 중에는 힌두 왕들이 만년을 보내던 곳도 있다고 합니다. 모자람이 없는 생활을 하던 왕이라고 한들 예외없는 죽음 앞에서야 어찌 허무를 느끼지 않을 수 있었겠습니까. 최고 권력을 누리던 왕들이 죽음을 앞두고 이 갠지스 강가에서 매일같이 성수(聖水)로 몸을 닦으며 기원했던 것은 무엇이었을까요. 다시 왕으로 태어나 넓은 영토를 다스리는 것이었을까요? 아닐 것입니다. 높은 자리에 앉아본 사람은 그 자리가 얼마나 고독하고 힘든 줄을 아는 법입니다. 늙고 병든 왕들의 소원도 아마 해탈(解脫)이었을 거라고 믿습니다. 끝없는 윤회의 고통에서 벗어나는 것, 그래서 공기처럼 빛처럼 가볍고 자유로워지는 것, 그것을 위해 갠지스는 말없이 흐르는지 모릅니다.

몸을 씻고 빨래를 하는 곳을 지날 때쯤 강 맞은 쪽 들판에서 해가 솟아오르기 시작합니다. 다시 또 하루의 은총이 시작된 것입니다. 해돋이를 보며 생각에 젖는 틈에 보트는 장작더미를 쌓아놓은 아래 연기가 솟는 곳으로 가까이 갑니다. 바로 여기입니다. 내가 은팔찌의 용도를 말하던 화장터 말입니다. 붉은 천으로 감싸놓은 시신 위로 강물을 뿌리고 장작더미에 올린 뒤 불을 붙입니다. 불은 금세 활활 타올라 무거운 육신을 한줌 재로 만들어 버립니다.

경님, 어릴 적 시골에 살 때 멀리서 보았던 화장 광경입니다. 가끔 TV를 통해 스님들의 다비식을 본 적도 있지만 이렇게 가까이서 생생히 보는 기분은 말로 표현하기 어려울 만큼 비장하고 목이 메어옵니다. 아무리 갠지스 강이 성스럽고 생전의 소원대로 죽은 몸이 태워진다 하지만 남은 사람에게 어찌 슬픔이 없겠습니까. 하여 이곳에서도 눈물이 많은 여인 유족들은 출입금지, 남자 유족 몇 사람만 고인의 마지막 가는 길을 지킨답니다. 한 쪽에서는 벌써 다 태운 재를 함지박에 퍼담아 강물에 버립니다. 이렇게 화장을 하는데 드는 비용은 장작값을 포함해 50만 원 이상이랍니다. 돈의 위력은 어디나 대차 없어 돈이 없는 시신은 미처 다 타지도 못한 채 강물에 던져지고 만답니다. 물론 가난한 사람을 위해 주변에 새로 만든 전기화장터에서는 단돈 1만 원에 처리를 해 주지만 장작더미 위에서 연기와 함께 사라지기를 바라는 인도인의 바람은 세월이 가도 쉬 변하지 않을 듯싶습니다.

아침부터 여러 곳에서 시체를 태우느라 그을음이 날아와 몸에 앉지만 이 순간만은 개의치 않기로 합니다. 정말이지 여기서는 삶과 죽음이 바로 등을 맞대고 있음이 느껴집니다. 지금 이 시각에도 누군가는 새로 태어나고 누군가는 죽어 무로 돌아가는 일이 반복되지만 갠지스강은 말없이 그저 흐름을 이어갈 뿐입니다.

바라나시 갠지스 강변의 화장터. 해탈이나 환생을 꿈꾸며 죽음을 기다리는 사람과 거지들, 떠돌이 소와 개들이 뒤섞여 살아가는 여기도 물가상승의 바람은 불어 이제 은팔찌 하나로 주검을 해결하기는 어렵습니다. 이제부터 내 목표도 은팔찌 하나에서 금팔찌 하나로 상향 조정해야 될까 봅니다. 오래 전 글을 통해 나는 이곳에서의 실종을 상상해 본 적도 있지만 인연의 질긴 끈이 나를 이끌어 앞으로 나아갑니다. 아니 그보다는 용기가 부족해 오던 길을 자꾸만 뒤돌아보며 갠지스와 작별을 고할 수밖에 없습니다. 긴 기다림에 비해서는 너무나 짧았던 만남. 그러나 언젠가는 꼭 다시 한번 이곳을 찾아오리라 다짐하며 발길을 돌립니다.

– 영혼이 숨쉬는 강 갠지스를 떠나며

은팔찌에서 다시 금팔찌를 꿈꾸며

살다가 또 목마름을 느끼게 되면
다시 인도가 그리워질 것을 안다.

일생에 단 한 번이라도 인도를 여행하는 것은 행운이라고 생각한다. 다행히 인연이 닿아 인도 땅을 밟아본 나는 그래서 지금 더없이 행복하다.

내가 왜 첫 시집 말미에 '나의 희망, 수드라의 희망'을 실었는지 기억이 희미하다. 살아오는 길목에서 자주 그랬듯이 그 때도 아마 무척이나 영혼의 목마름을 느끼지 않았나 싶다. 부족한 문장력으로 쓴 글인데도 내 시집을 본 사람들이 시보다는 서문에 쓴 아내 이야기와 인도 얘기를 기억하는 사람이 많아 반갑고도 한편은 씁쓸했다.

그 후 나는 생활이 안정되고 두 권의 시집을 비롯한 이런저런 글과 노랫말을 남기며 바쁘게 살아왔지만 자주자주 인도가 그리울 때가 많았다. 그러나 누구보다 은팔찌 하나의 사연을 잘 기억하는 아내가 나의 용기없음을 아는지 모르는지 한사코 혼자만의 인도행을 막아 차마 '나의 꿈'을 이룰 수가 없었다. 그래도 나는 인도행 꿈을 접지 않고 인도를 그리며 성스러운 모임의 뜻을 지닌 인도인의 최대 축제 '쿰브멜라' 등 인도에 관한 몇 편의 시를 쓰기도 했다. 그러던 중 지난여름 갑작스런 발병으로 죽음의 문턱을 넘나드는 경험을 하며 영혼의 갈증이 더해졌다. 거기다 다 크도록 여행 한 번 함께 하지 못해 아빠와의 추억거리 하나 제대로 만들어주지 못한 두 딸 아이가 대학생이 된 것을 핑계삼아 인도여행 길에 올랐던 것이다.

옛날의 고승들처럼 일생을 걸고 다녀온 것도 아니고 성지순례와 같은 거창한 명분을 달고 다녀온 것도 아니다. 또 오랜 기간 동안 머물며 인도의 구석구석을 돌아 본 것도 아니다. 그저 장님 코끼리 더듬듯 인도의 몇 군데를 보고나서 인도의 많은 것을 아는 양 떠벌일 생각은 조금도 없다. 그리움은 컸지만 가볍게 떠난 여행길이었다. 하지만 무지와 병약의 갈증을 채우기 위해 나는 누구보다 열심히 보고 물으며 많은 생각을 키우려 했다. 그리고 지금도 여전히 '배꽃처럼 가냘파 사철 몸 아픈' 아내에게 가는 곳마다 쭈그리고 앉아 편지를 쓰며 인도인들의 3대 신과 그 화신 외에도 이름조차 생소한 신이 무수히 등장하는 인도신화를 읽었다.

어쨌건 좁은 시야로 본 것 중에 타지마할은 감동의 절정이었다. 사랑에도 엄청난 내공이 필요함을 알았고 진실한 사랑은 아름답게 기록된다는 사실도 깨달았다. 바라나시와 갠지스는 메마른 영혼을 적셔주는데 모자람이 없어 윤회의 굴레를 벗어나지 못한다면 다음 생에는 이곳에 태어나 한 세상 살아보는 것도 좋겠다고 생각했다. 아잔타 석굴에서는 위대한 조각과 환상적인 색감 앞에서 예술하는 자세를 다시금 가다듬을 수 있어서 좋았다.

그러나 무엇보다 나의 관심은 사람이었다. 거지 아이의 까만 손과 인도 어린이들의 맑은 눈동자, 몇 시간이고 오지 않는 기차를 불평 한 마디 없이 기다릴 줄 아는 인내심과 겉모습인 옷차림에서부터 종교의 성향을 분명히 드러내면서도 포용과 조화를 미덕으로 삼는 힌두 정신에 충실한 사람들, 가는 곳마다 널린 사원에서 오체 경배(五體敬拜)를 드리는 사람들의 소망과 갠지스 강가에서 죽음을 기다리던 왕들의 속내, 평생을 신에게 예배드리는 사제들의 바람을 상상하며 인도를 보았다. 그리고 쉴새없이 타오르던 시체 태우는 연기를 보며 삶과 죽음에 대해 많은 숙제를 안고 돌아왔다.

이쯤에서 은팔찌에 대한 이야기를 한 번 더 하지 않을 수 없다.

지난 날 수드라들이 보다 나은 생으로의 환생을 꿈꾸며 마련해 차고 갠지스로 향하던 슬프고도 값진 은팔찌 하나. 그러나 이제 은팔찌 이야기도 옛말이 되고 말았다. 인도 신화에 나오는 말세(末世)에 대한 예언처럼 광물이 정신을 지배하는 시대가 찾아와 갠지스 강변에도 전기 화장터가 생겨났고 빛깔 좋은 장작더미에 오르려면 금팔찌 하나가 필요하게 되었다.

인도를 여행하는 동안, 그리고 인디아 편지를 쓰는 동안 내 영혼이 촉촉이 젖어 지냈음을 고백한다. 나는 그 에너지로 한동안 글을 쓰고 일상을 꾸려나갈 것이다. 하지만 살다가 또 목마름을 느끼게 되면 다시 인도가 그리워질 것을 안다. 그때가 언제일지는 모르지만 나는 다시 꼭 인도를 찾고 싶다.

이번엔 은팔찌 대신 금팔찌 하나를 손목에 차고서…….

저자 박수진
朴水鎭

경북 예천에서 태어나 중앙대학교 문예창작과 및 동 교육대학원 국어과를 졸업했다. 학교에서 국어를 가르쳤으며, 관악문화원 문학아카데미에서 문학 강의를 했다. 한국문협, 한국시협, 펜클럽 한국본부 회원, 예술가곡사랑회 부회장, 한국가곡학회 감사, (사)구상선생기념사업회 감사, (사)한국동요문화협회 부대표, 서울교원문학회 부회장, 한국순수문학회 상임이사, 사랑방시낭송회 창립 상임 시인으로 문단활동을 하고 있다. 제1회 영랑문학상, 제2회 순수문학 작가상을 수상하고 전국규모 창작동요제(작사) 9회 대상 외 다수 입상했다. 또한 초등학교 즐거운 생활 및 음악 교과서에 〈산으로 바다로〉, 〈꽃처럼 하얗게〉, 〈소리는 새콤 글은 달콤〉 등 동요와 번안곡 다수 외 중등 국어 교과서에 〈우리 그렇게 살자〉가 수록되어 있다.

시집 『혼자 우는 목어』, 『나의 별에 이르는 길』, 『망종 무렵』, 『밝은 거울』, 『사랑초 키우기』 등이 있고, 가곡 음반 『나의 별에 이르는 길』과 박수진 · 김애경 부부 기사 모음 『세상에서 가장 아름다운 상장』을 출간했다.

E-mail : parksj1221@hanmail.net

인지생략

over a wall prose 5

2012년 8월 28일 초판 1쇄 인쇄
2012년 9월 9일 초판 1쇄 펴냄

지은이 · 서예 | 박수진
디자인 | 송동현

펴낸이 | 송계원
펴낸곳 | 도서출판 담장너머
등 록 | 2005년 1월 27일 제2-4102
주 소 | 100-273 서울시 중구 필동2가 84-10 105호
전 화 | 02-2268-7680
팩 스 | 02-2268-7681
이메일 | overawall@hanmail.net

ISBN 89-92392-27-3 03810
값 12,000원